図説　支援論

加茂　陽　著

川島書店

はじめに

1. 個人的な体験

　ショピングモールの大食堂で、ぼんやりと時間をつぶしていると、友人と出会った。何か沈んだ表情で押し黙っていたので「近頃どう」と尋ねると、「ちょっと高齢者の親のことで、大変で」とつぶやいた。時間をおいて「座ってもいいかい。嫌な話だけど聞いてもらえる？」と続けた。彼の話は以下であった。

　老健施設で支援を受けていた母親が、リハビリ期間の3か月を過ぎたため、社会福祉士から、退所についての説明を受けた。家族内での高齢者である母への対応が心配だったので、「生活上の問題に対して、いかに対処するのか、具体的に教えていただけませんか」と問いかけたところ、明確な答えが無く、心配事も多々あったが、それ以上聞かなかった。このとき、社会福祉士の役割は退所の説明をすることなのかと思った、とのことであった。

　しばらくして、母親はようやく見つけたグループホームで生活を始めた。だが、疾患がひどくなり総合病院に入院、数か月間治療を受け続けた。その結果、やっと見つけたグループホームの社会福祉士から、「他の病院で治療を受けているので、グループホームでの生活は終了してください」との説明を受けた。それ以外の具体的な生活場面での支援の提供は無く、このときも、社会福祉士は施設での終了を利用者に告げるのが仕事なのかと思った、と続けた。

　その後しばらくして、入院していた病院から「治癒の可能性が無いので、治療を終了したい」という申し出があったという。ここでも、生活の相談者として紹介された社会福祉士が対応し、「転院する施設を調べ、そこに連絡していただければ」と指示されただけとのことであった。

高齢者を持つ家族には支援が必要なのに、どこの施設や病院においても、生活の相談員として紹介される社会福祉士からは、効果的な助力が提示されることなく、支援の停止が申し渡されるだけだった。退所後には大変な日々が始まる。決まりがあるならば退所の指示は仕方ないが、せめてその後の親との生活の仕方を教えて欲しいと、彼は困惑した表情で訴えた。

　この話から、これらの社会福祉士にとって、友人は法制度によって類型化された問題を有する高齢者の親族であるクライアントであり、その訴えは類型としての訴えで、問題の解決も十把一からげの法的な類型に基づいて進行するだけのような印象を受けた。そもそも、類型的支援法は、しんどい生活状況において、問題をどのように解決していこうかと日々頑張るクライアントの体験様式を表す言葉を持ち合わせてはいない。重い苦難をなんとかよい方向へ進めようとしている友人の生き様への支援は不可能だと強く感じた。

　筆者は、話を聞くだけしかできず、助けになれないことを詫びて別れたが、数年間大学で家族支援関係の科目を担当したこともあり、社会福祉士の職務について、少し調べてみようと思った。

2. 連絡調整という支援者の職務定義とその実践法の問題解決力の弱さ

　世間的な理解では、社会福祉士は、国家試験を合格した、生活場面への専門的支援者であると位置づけられているようである。「社会福祉士及び介護福祉士法」（第2条）が規定する職務内容を読んでみると、要約すると、社会福祉士は、クライアントの相談に対して、他の専門職との連絡調整を軸にして、支援を試みる専門職と記述されていた。助言、指導も職務として加えられているが、それらはクライアントの問題解決法の生成への支援活動というよりも、連携調整作業のなかでの助言や指導であると思う。他方、社会福祉士の養成にあたる一般社団法人日本ソーシャルワーク教育学校連盟は、社会福祉士の相談援助技法習得のための教育ガイドラインとして、北米から輸入された13のアプローチを提示する。しかしながら、こ

の列挙された一連のアプローチの中の一つを取り出したとしても、学部教育において身に着けることは容易ではない。ましてや、一連のアプローチ全体を学ぶということは途方もない作業である。また、ガイドブックでのアプローチ群の提示法は、相互の違いを気にしない何でもありの提示法である。それゆえ、社会福祉士を目指す者にとっては、それぞれを実践可能なアプローチとして整合的に取り入れることは困難である。例えば、実践の場で、行動変容アプローチ、システムズアプローチ、そして、社会構成主義的アプローチの併用は簡単なことではない。それぞれを表面的に説明し、実践モデルはこれらですと紹介することはできるだろう。ただし、紹介だけでは、これらのアプローチ群をいかに整合的に実践に持ち込むのかの知識を得ることはできない。また、筆者が知る限り、国内の大学の養成校において、それらのアプローチそれぞれの習得のための詳細な教育実践の報告を耳にしたことは無い。国内の福祉系の大学や学部での社会福祉士養成の軸は、あくまでも連絡調整である。連絡調整を基本的な職務と見なす限り、それを主とする実践と上記の一連の支援アプローチに依拠するアプローチの実践とは、共存が原理的に無理である。この背景は、大学での教育プログラムにおいて、インテンシヴなそれら諸アプローチの実践についての教育を阻む。この共存不可能性の問題を強調しておきたい。連絡調整を主たる職務と見なす限り、上記の支援アプローチを、教育ではなく、紹介の対象に留め置かなければならない。

　国内のアカデミズム世界での支援論の主たる知識は、連絡調整についての法的な知識であり、それら一連のアプローチの実践法は、単なる資源の紹介に終わっていると思う。それゆえ苦しみながらも解決を試みていこうとする、クライアントの生き方への共感力は弱く、問題解決行為の生成力も低い。連絡調整だけならば、大学における教育は不要で、簡単なプログラムを作り、AIにその作業をゆだねればよいだろう。

　支援活動においては、支援者はまずクライアントの解決力を発見しなければならない。クライアントは潜在的に解決能力を有しているが、その顕在化には支援が必要である。その力をいかに発見し、顕在化にどの様な方法で貢献するのか。これが本書での図を用いた議論の中心である。

3. 実践知識の貧困と支援者の苦難

　実務においては、連絡調整機能以外の理論的な裏付けを持つ具体的な支援作業は、社会福祉士の仕事内容から除外されていると考える方が妥当であるだろう。大学等はそれ以外の養成法を持ち合わせているとは考えにくい。つまり、社会福祉士の専門性とは、連絡、調整の専門性となる。連絡調整法の獲得には、長期の訓練を有する理論および技術的体系の裏付けは必要ないし、ましてや、連絡調整方法の習得に、学部に続く大学院での教育が必要とは思えない。ただし、実際の支援場面では、「この様な施設があります。あとはご自分で決定してください」といった連絡調整に限定した対処法に満足できない支援者は多いだろう。友人の場合では、支援活動はさらに貧弱で、退所の通告と他機関との連絡の指示という、クライアントに問題解決作業を丸投げするものであった。仮に、支援者が連絡調整の役割だけを担ったとすると、クライアントは活きる場において未解決の問題を抱え続けなければならない。常識的な対応では困難な IP (Identified patient：問題と見なされる人) との生活をどのようにしていけばよいのかと、クライアントは、解決行為の生成について支援を求めてくるだろう。この事態を直視せず連絡、調整という限定的な支援活動を続けるには、現実否認や無感動という防衛的態度を持続させなければならず、これは、支援者にとって、しんどい支援活動であるだろう。

4. 北米の事情：拡散した Social work

　昔のことであるが、筆者は複数の北米の Social worker の支援活動に関わる機会があった。そこでは、変容力を有する専門的な支援作業を行うために、基礎理論と技法を有していることの重要性が強調されていた。日本国内では、社会福祉士の仕事を別名ソーシャルワークと呼んでいるようで

あるが、ソーシャルワークとSocial workとは、その使用する理論とまた変容法において異なっており、別物の実践と考えたほうが良いと思う。生活場面での支援活動において求められるのは、連絡調整に限定された活動、つまり、ソーシャルワークではなく、解決に役立つ理論と技法の裏付けを有するSocial workの実践であるだろう。ところが、今日の北米のSocial workでは、その支援理論が拡散し、学問領域の解体の様相を呈している。それら一連の支援アプローチ群を乗り越える、Social workの構築が求められる。残念ながら、日本国内のソーシャルワークの研究にはこのような問題設定は存在せず、それゆえ再体系化の志向性も見当たらない。

5. 予想される批判への回答としての、活きる場への支援論

　連絡調整という社会福祉士の主たる業務に対して、それだけでは訴えへの解決力が低いとか、支援者は不全感を抱く、などという問題の指摘に留まらず、Social workの支援理論が拡散しているなどと、海外の支援活動にまで、身の程知らずの批判を加えるならば、それならば自らの支援論を示してみよと指摘を受けるだろう。その指摘に対しての答えが以下で語る支援論である。

　本書では、日本国内での問題解決の強化に貢献する支援論の不在、国外での過度の支援理論の拡散状況という背景を念頭に置いて、新たな支援論の枠組みを提示し、図示した。その枠組みが、クライアントへの支援活動に貢献するならば、クライアントは問題解決の産出力を強化するだろう。本書は、理詰めで、さらに、実践力を意識したものであり、理論と実践の両面から批判的吟味が可能な形式と内容になっていると思う。この両面から、本書に対して厳しい批判的吟味が加えられるならば、新たな支援論の構築が開始すると考え、むしろそのような批判が生まれることを願っている。

6. 活きる場への支援論

本書が提示する新たな支援論は、活きる場にかかわる支援論である。

支援者は、クライアントの即自的な苦難の体験とその解決の場にかかわる。この場は「活きる場」である。本書での「活きる」は、生命を維持するという、生物学的な生きるではなく、クライアントも含めた人々が、苦難の解決を目指し、「私」として解決行動を生成し、ルールを作り、それらを苦難の体験の場に投入し続ける実践である。支援活動は、新たな生成が停止し、「活きる」ことが途絶えた存在状況に対して、その再生を目指し、クライアントを支援する活動である。

7. 活きる場面への支援論の構築とその図示

しばしば、筆者の文章表現は内閉的で、コミュニカティヴな力に欠けると指摘される。それならばと思い切って、図示による実践の手引きを作成することにした。生活場面への支援の手引書は数多く出版されているが、そのほとんどは読者の直観的な理解を目指す支援法の図示であり、法に従う処遇法の解説図である。本書では、支援者に対して、問題解決に貢献する、解決の道具としての図群を提示する。それらは、未だ曖昧な点が多いが、思想や経験的社会理論に裏付けられた「活きる場」への支援の図である。本書を、Social workの体系の理解に役立ててもらえるならば幸いである。

目　次

はじめに　……… i
1. 個人的な体験
2. 連絡調整という支援者の職務定義とその実践法の問題解決力の弱さ
3. 実践知識の貧困と支援者の苦難
4. 北米の事情：拡散した Social work
5. 予想される批判への回答としての、活きる場への支援論
6. 活きる場への支援論
7. 活きる場面への支援論の構築とその図示

I　本書の概略と独創性

1. 概略 ……… 2
2. 独創性 ……… 2
   1) 理論的土台　2
   2) 評定、変容、そして効果測定法の図示　3
   3) 独創性　4

II　支援論における図示の前提条件と図を用いることの意義

1. 既存の支援理論とその図示についての問題提起 ……… 6
   1) 支援理論の不在　6
   2) 図示の理論的前提の曖昧さ　6
2. 図使用の前提条件 ……… 7

1) 前提条件1：図がクライントの具体的な解決行為
の生成に貢献する力を有していること　7
2) 前提条件2：図構成の理論が明確であること　8
3) 前提条件3：地と図についての存在論的階梯の違いに
自覚的であること　8
3. 図の支援活動への貢献 ……………………………… 9
1) 支援者の評定および、差異化の作業の道具としての図　9
2) 効果測定作業への貢献　10
3) クライアントにとっての差異化の道具としての図　10
4. 図群の基本的な構成について ……………………………… 11
1) 図群の基本的構成　11
2) 図示の順　11
3) 支援の基礎的概念の図：存在論と変容論　11
4) 評定で使用される概念の図　12
5) 変容に用いる道具の図　13
6) 支援の実際　13
7) 効果測定法　13
8) 変化の第一原理：「私」の差異化で変容する問題維持の
システム　13

III　支援の基礎理論

1. 支援対象の基礎理論と変容法の基礎理論 ……………………………… 16
1) 支援の基礎理論と実践理論　16
2) 支援対象の基礎理論と変容法の基礎理論　16
2. 支援対象の基礎理論 ……………………………… 16
1) 活きる場論　16
2) 存在の階梯論　17
ⅰ 存在の階梯
ⅱ 地平の階梯を還流する差異

3）生成的な社会システム理論：問題定義と解決についての
同型的理論　20
　　ⅰ　変換された原生活場面：エコシステム
　　ⅱ　同型的な社会システム理論：構造と力学
　　ⅲ　生成的社会システム論：「私」と差異の集合体としてのシステム
4）活きる場面でのもののひと化とひとのもの化　23
　　ⅰ　心（サイコ）ともの（ソーシャル）の存在を前提とする
　　　　支援対象論
　　ⅱ　トランズアクション過程における、ひとの行為、および
　　　　ひとのもの化
　　ⅲ　もののひと化
　　ⅳ　ひとのもの化、もののひと化の生成過程としてのトラン
　　　　ズアクション
5）支援活動場面における、もののひと化、ひとのもの化、
そして弱い対象化と強い対象化　29
　　ⅰ　もののひと化、ひとのもの化と、弱い対象化と強い対象化
　　ⅱ　弱い対象化
　　ⅲ　強い対象化
3．変容法の基礎理論　　　　　　　　　　　　　　　　　　30
1）「私」による他者を通した問題解決法の生成論　30
　　ⅰ　問題解決のスーパーナラティヴの不在
　　ⅱ　「私」論：現実構成のスーパーフォースとしての「私」
　　ⅲ　謎としての他者との交流の対象化により生起する問題解
　　　　決法
2）変容法の基礎理論の推移：原因除去論から「私」による
差異の生成論へ　32
　　ⅰ　原因除去の変容論
　　ⅱ　「私」による差異の生成としての変容論
3）現実生成の道具としてのクライアントの言語と支援者の言語　35
　　ⅰ　クライアントの訴えと問題解決をめぐる言語

　　　　　ⅱ　支援者の問題解決を支援する言語

　　　　　ⅲ　相互生成するクライアントの言語と支援者の言語

　　　4）変容の力論　　37

　　　　　ⅰ　一義的な一方向的な現実構成力の不在

　　　　　ⅱ　変化の力としての「私」と差異

　　　　　ⅲ　変化の力である、支援者の問いかけと「私」による差異
　　　　　　　生成の連続的な過程

　　　5）訴え論　　40

　　　　　ⅰ　真偽判定が無効な訴え

　　　　　ⅱ　問題解決の力としての訴え

　　　　　ⅲ　訴えの生成力学

　　　　　ⅳ　存在様式の階梯と訴えの解決法

Ⅳ　評定法

1. 再定義された評定　………………………………　44

　　1）評定とは　　44

　　　　ⅰ　3種類の評定

　　　　ⅱ　支援者の評定の非特権性

　　　　ⅲ　現実から遠ざかる支援者の評定

　　　　ⅳ　変容技法を選択する文脈としての評定2、そしてクライ
　　　　　　アントの差異生成への文脈的力としての変容技法

　　2）クライアントの評定1そして支援者の評定2　　45

　　　　ⅰ　強い対象化によるクライアントの評定と支援者の評定

　　　　ⅱ　クライアントと支援者の評定作業の流れ

2. 評定の理論的道具　………………………………　48

　　1）エコマップ　　48

　　2）トラッキング　　49

　　3）情報伝達行為の解析法　　50

　　4）重層的な意味生成論としてのもの化　　52

5）多層的階梯の行為と重層的な意味の構造　54
　　　6）行為選択と意味構成そしてそれら規則の連鎖　55
　　　7）生成的社会システムの定義法　55
　　　　　ⅰ　揺らぐ社会システム
　　　　　ⅱ　生成的社会システム評定のための規則概念
　　　　　ⅲ　生成する社会システムの評定枠
　3．三軸からなる評定の一般理論 60
　　　1）評定の三軸について　60
　　　2）一般理論の一般とは　61
　4．三軸からの評定の実際 61
　　　1）評定の一般的な理論に依拠する問題生成構造とその力学の
　　　　評定　61
　　　　　ⅰ　クライアントの弱い対象化による訴えのトラッキングシーク
　　　　　　エンス 1 への変換
　　　　　ⅱ　支援者のシークエンス 1 の構成
　　　　　ⅲ　支援者のシークエンス 2 の構成
　　　　　ⅳ　支援者のシークエンス 3 の構成
　　　　　ⅴ　支援者のシークエンス 4 の構成
　　　2）生成途上の行為と意味構成、そしてそれらの規則　74
　　　3）シークエンスの一般的枠組みが指し示す変容点　74
　　　4）ひとのもの化ともののひと化　75

Ⅴ　変容方法

　1．変容技法群 78
　　　1）クライアントの訴えを励ます方法　78
　　　2）問いかけ法について　78
　　　3）循環的問いかけ法　79
　　　4）変化の内部生成を促す問いかけ技法　80
　　　5）私と対象の生成を促す問いかけ法　81

2. 変容段階と使用される技法 ……………………………… 81
　　　1) 変化の段階　81
　　　2) 過程としての問題解決　83
　　3. 問題解決の一般理論 ……………………………………… 83
　　　1) 問題解決の一般理論の枠組み　83
　　　2) 図V-4「問題解決過程の一般理論：解決の局面論」の用法　84
　　　3) 循環するCo、Ob、Al、Diの局面　85
　　　4) 同型的な変化の力学　86
　　4. ミクロシステムの変化からマクロシステムの変化へ ……… 92
　　　1) システム、サブシステムそれぞれにおける同型的変化　92
　　　2) 同型的変容論に依拠したミクロからマクロシステムへの
　　　　支援の拡大法　92
　　　3) 効果測定　94

VI　支援図を用いた訴えの解決方法の実際

　　1. 評定と変容 ……………………………………………… 96
　　　1) 評定の説明軸　96
　　　2) 支援活動の説明軸　96
　　2. 支援の実際 ……………………………………………… 97
　　　1) 訴えの励まし（図V-4のCo局面）　97
　　　2) 訴えの変換（図V-4のOb局面）　98
　　　3) 解決行為の生成とそれらへのリフレクション（Al局面）　101
　　　4) 解決行為や意味構成の現実への投入（Di局面）　105
　　　5) 新たなCo局面の開始　106
　　　6) 夫婦（H、W）サブシステムの変容　106
　　3. ミクロシステムの変化の波及力学 ……………………… 107
　　　1) ミクロシステムの差異の内部生成とマクロシステムへの波及　107
　　　2) システムの規模ごとの同型的な変容力学　108

Ⅶ　効果測定

1. 効果測定の主体と効果測定の意味 ････････････････････ 110
   1) 「私」の効果測定　　110
   2) 支援者の効果測定　　110
   3) 差異生成力を有するクライアントの効果測定　　110
2. 変容力学の視点からの効果測定 ････････････････････ 110
   1) トラッキングの地平で、クライアントが語る訴えの力学　　110
   2) 生成した解決行為の原生活場面への投入とそのトラッキング　　111
   3) リフレクトされた訴えのトラッキングとリフレクトされた解決行為の投入後のトラッキングの比較　　111
3. 効果測定の方法と手順 ････････････････････････････ 111
   1) Co 局面：励まされる訴えの表現　　111
   2) Ob 局面：訴えのトラッキングとそれへのリフレクション　　111
   3) Al 局面：解決行為および意味構成の生成　　112
   4) Di 局面：解決行為ないし意味構成の問題場面への投入　　112
   5) 投入後の事態のトラッキングへの変換　　112
   6) トラッキングデータへのリフレクション　　112
   7) 図Ⅴ-3 の④と図Ⅴ-3 の⑫の比較　　112
4. クライアントの効果測定への支援者の語り ････････････ 113

最後に　････････　115

読書案内　････････　119

I

本書の概略と独創性

I 本書の概略と独創性

1. 概略

　本書では、支援法の主軸である、評定法、変容法、そして、効果測定法の一般化された理論の構築が目指され、その図示が試みられる。
　支援論の論述方法としては、厳密な表現が可能な文章を用い論理的に説明するのが正道であるだろう。しかしながら、硬い表現を一行ごとに読んでいく作業には、時間がかかり、とりわけ、職務に終われ、時間の余裕がない実践者にとっては、簡単なことではないと思う。
　以下では、現場の実践者の方々の日々の活動への貢献を目指して、支援論を図で示し、裏付けとなる理論体系も提示した。支援アプローチに有効だと判断する基礎的な理論体系に裏付けられた、ミクロからマクロレベルまでの支援の道具としての、評定や、変容、そして効果測定の図を描き、また、その実際の用法、さらに、その道具の有用性を示してみた。
　まず、具体的なトランズアクションの評定や変容に関する理論とその図から開始し、それらから抽象的な評定や変容の一般的な理論や図を構成して行く。実際の支援活動においては、この抽象化された一般的な評定や変容作業の図によって支援場面の全体の構造を読み、さらに変容の出発点を定め、具体的なトランズアクションの評定と変容の一連の図から、支援作業を連続的に実行するという手順になる。

2. 独創性

1）理論的土台
　クライアントの苦難の体験の訴えはあまりにも広範囲で、錯綜していて、

さらに深く重い。支援者はそれらを正確に捉える方法を持ち合わせてはいない。しかしながら、クライアントは問題の解決を求める。それゆえ、支援者には、クライアントの体験は謎であるという、体験の理解不可能性を前提とした支援方法の構築が求められる。

本書の支援論の理論的土台はクライアントの「私」による社会生成論である。「私」は原生活場面でのまわりの人（構成員）との交流を語り、社会を構成する。「私」は、既存の言説が示す社会定義を乗り越える社会の産出力を有する。この社会は、「私」間の語りの交換を媒介とする、「私」が生成するシステムとして、生成論的に定義される。支援者には謎であるクライアントの原生活場面の生成過程は、訴えとして現れる。この訴えの解決への支援を目指し、固有の生成的な社会理論に、変容の力を論じる変容論を加え基礎理論とし、それを土台にして実践理論を体系化し、その図を提示した。

  2) 評定、変容、そして効果測定法の図示

本書では、社会システムの基本的な要素である「私」間で、ひと＋ものについての情報が交換され、問題持続や解決過程として生起する、トランズアクション過程の理論を土台にして、評定法、変容作業、および効果則定法の図を示した。それらは「私」による独自の差異生成による問題解決作業への側面からの貢献を意図する、図群である。支援者が、解決の力であるクライアントの「私」としての差異生成作業に問いかけて、その差異化の文脈的な力になるという変容基礎論を定型化し、問いかけが、クライアントに対して優位な知を持ち合わせていない、支援者の側面からの支援活動（評定と変容）の技であることを強調した。つまり、これらの存在の様式と変容の基礎理論に依拠して、問題増幅力学の評定と変容法を図示した。さらに、体験と訴え、および差異化された訴えの階梯の違いを論じたうえで、差異化されて出現した解決行為を原生活場面に投入する実践として、問題の解決過程を理論化した。そして、それを変容の一般理論に変換し、その枠組みを図示した。また、解決過程の効果測定の図示の方法も提示した。

3）独創性

　つまり、客観的な対象化が不可能なクライアントの訴えへの支援を目指し、基礎理論を土台として、一般化された、評定、変容、さらに、変化の力動性の効果測定論を提示し、それを図示したことを、本書の独創性として強調したい。無知を承知であえて独創的だと宣言するのは、本書で提示する支援論への批判を期待してのことである。

　筆者が支援論の論文を見渡した限りでは、クライアントの訴えについての理論的な考察に欠けたままの、福祉制度の利用法の説明があるだけで、一般性を有する、社会理論や変容理論に支えられた支援アプローチの構築の試みを目にすることはできなかった。ましてや、体系化された支援アプローチの図群を見ることはできなかった。本書では、モデルチェンジされた支援のアプローチの体系を論じ、その体系の図示を試みる。

II

支援論における図示の前提条件と図を用いることの意義

II 支援論における図示の前提条件と図を用いることの意義

1. 既存の支援理論とその図示についての問題提起

1) 支援理論の不在

　実践においては、面倒な理論で書かれた書物よりも、図を多用する手引きの方が実用的な力を有するだろう。ただし、直観的な理解を可能にする図を使用に耐えるものとするためには、支援の体系化された基礎理論と実践理論の支えが不可欠である。ところが、国内においては、支えとなるこれらの体系化された理論を目にすることはできない。

　例えば、児童養護施設では新たな専門職として家庭支援専門相談員（ファミリー・ソーシャルワーカー）が配置されている。その資格取得の基本的要件は社会福祉士、あるいは精神保健福祉士のいずれかの資格を有していることである。家族内で養育が困難な子どもたちのいわば最後の砦である児童養護施設で実践を行う家族支援専門相談員には、最終的な支援者として、既存の支援法が語るような家族や支援担当者との連絡調整ではなく、児童とその家族が抱える生活上の問題の解決への支援が求められる。それには理論的、実践的知識が不可欠であるが、それらの体系は未だ不在である。

　この支援理論の不在という問題は、児童の領域への支援に限らない、他の領域にも共通する、既存の伝統的な支援法に依拠する実践者が抱える問題でもある。連絡調整法を土台とする既存の支援法は解決を先送りにするだけである。そしてクライアントは未解決の問題を担い続けなければならない。

2) 図示の理論的前提の曖昧さ

　基礎理論と実践法の曖昧さは社会生活の支援に従事している、多くの社

会福祉士や精神保健福祉士が抱えている問題であるだろう。社会福祉士や精神保健福祉士が使用する支援の図は、理論的土台が曖昧であるがゆえ、図示の作業は問題解決力を有する支援理論の体系化という、しんどい作業から開始しなければならない。

　実践において、理論的土台に裏付けられた、問題の生成力学を説明する図があれば、支援者はそれを用いて、問題の生成過程を読み込むことができるだろう。さらに、理論を背景に有する、変容技法を指し示す図があれば、文字の面倒な記述を追わなくとも、クライアントへの効果的な支援を行うことができるだろう。

　支援者への支援活動の貢献を意図し、理論体系に言及しつつ、変容手続きをアナロジカルな映像を用いて示したのが本書である。

　図の使用には、理論の裏付けも含め、前提条件が存在する。この前提条件について論じてみよう。

2.　図使用の前提条件

1）前提条件1：図がクライアントの具体的な解決行為の生成に貢献する力を有していること

　クライアントの現実は、クライアント自らが自他の関係性に固有の意味を付与しつつ、それらを「私」として生成する現実である。クライアントの問題は、自らが「私」として構成する現実としての問題であり、解決も同様である。クライアントが「私」として構成した訴えは、他者である支援者には理解不可能な苦難についての話であり、クライアントに成り代わり正しく説明することはできない。支援者には、訴えの認識不可能性を前提とする特殊な支援活動が要請される。支援者が用いる図は、このような認識が容易でないクライアントの「私」固有の否定的な現実生成過程、つまり、訴えへの評定法を有していることが求められ、その具体的な解決法の自己産出を支援する力を持ち合わせていなければならない。

2）前提条件2：図構成の理論が明確であること

　支援活動で用いる図が実践において有効であるためには、図の構成要素に明確な定義が与えられなければならず、さらに図相互間の関係性にも明確な理論的説明がなされていなければならない。そうでなければ、図および図群の構成作業は、単なるお絵かきに終わる。アナロジカルな表示はロジカルな説明を必要とする。

　支援アプローチの図群には、共有される基礎理論が存在しなければならない。それが不在であるならば、図群は意味をなさず、実践に耐えられなくなる。さらに、効果的な実践のためには、基礎理論が、評定と、変容、そして効果測定理論へと論理的に変換されることが求められる。共有の基礎理論を、理に適う方法で評定、変容、そして効果測定論に変換したうえで、それらを図示するならば、個々の図は説明力を有し、さらに図全体の説明も理論的正当性を獲得する。

　本書では、「私」による差異生成論を土台にして、社会システム理論の知見を取り入れ、生成論的な社会システム理論の体系化を試みた。また、力論から変容の基礎論を示した。それらはさまざまな種類の、そして大きさの集団で生起する問題の評定と変容方法の説明を目指す実践理論の土台である。

　一連の支援論（「援助技術論や演習」と名付けられている）の教科書では、この基礎理論があやふやで、変換作業について言及されることはない。それゆえ、支援に便利な道具であるはずの図は、理論の裏付けが弱く、変容力に欠ける図になっていると思われる。

3）前提条件3：地と図についての存在論的階梯の違いに自覚的であること

　仮に、問題解決力を有する支援理論を構築し、その図を提示したとしよう。ところがそれらは、クライアントが体験する苦しみとは別物である。理論的な裏付けを有する図の指示に従い実践を行うという主張は、存在の階梯に無知な主張である。当たり前のことであるが、描かれた体験の図は体験とは異なる。

この図を用いて示される問題生成力学の評定とその解決法は、あくまでもクライアントの原生活場面、つまり「地」を加工することで現れる、図としての評定と解決法であり、階梯で表される地と図は同じではない。それゆえ、図で表示される問題解決法には受肉化される階梯、すなわち、生活場面へ結びつける段取りが求められる。図示された問題解決法の原生活場面への投入論も含めた、変容段階論が求められる。

次に、図を使用することの支援活動への貢献について述べてみよう。

3. 図の支援活動への貢献

1) 支援者の評定および、差異化の作業の道具としての図

理論的な裏付けを有する図は、支援者が問題状況（地）を差異化するための道具、つまり、地図である。

支援者はクライアントの訴えについての語りを、一連の技法を用いて図に変換し、評定し、変化の可能性を顕在化させる。この技法は循環的問いかけ法である。図示された評定作業と問いかけ法、そしてそれらの実践法についての知識を持ち合わせていれば、あれこれ錯綜した支援活動に落ち込むことはない。それらの図（地図）を用いることで、評定や変容活動の方向性が定められ、支援は単純な活動になるだろう。

それは以下の活動である。

クライアントの苦難の体験の訴えは行為と意味の連鎖、つまりトラッキング図上（その実例は図Ⅳ-3　トラッキングの表記法）で再構成される。支援者は、再構成されたクライアントの訴えについての語りを、手持ちの用語で整理し、評定する。さらに、評定を文脈として、技法群を用い、クライアントにトラッキングシークエンスの対象化を促し、問題の要素を差異化する作業への支援をする。続いて、顕在化し変化した語りを原生活場面全体へ波及させる支援を試みる。クライアントが語る差異つまり解決法はあくまでも机上での語りであり、問題解決のためには、クライアントはこの語りを原生活場面に投入しなければならない。そして、支援者は、投

入された差異により生起した事態を再度トラッキングシステムへ変換する作業を支援する。トラッキングの図によって差異投入後の変化の力学と構造、そして問題が持続する事態も映像化される。これらの映像化を基に、支援者はハートマン（Hartman, A.）たちのエコマップ図を用いて全体の変化を整理する。さらに、変化しない事態のトラッキングシークエンスについて、クライアントに差異化の支援をする。

　苦難の体験 → 体験の訴え → 訴えのトラッキングへの変換 → その対象化 → 差異化 → 差異化された要素の生活場面への投入 → 投入後の事態の語り → 問題の事態へのトラッキング → その要素の差異化という、循環的な現実構成過程が、問題解決作業である。このクライアントの循環的な現実構成作業を支援するため、支援者はトラッキングやエコマップそして技法群等の一連の図を評定や変容の道具として用いる。

2）効果測定作業への貢献

　問題場面はトラッキングの図に変換される。また介入後の過程もトラッキングの図に変換することができる。これら、行為と意味構成の連鎖から構成されるトラッキング過程の両図を比較することで、支援者は、そしてクライアントも介入前後でのトランズアクションの構造と、その力学の具体的な比較作業が容易になる。

3）クライアントにとっての差異化の道具としての図

　支援者が活動を映像群として捉えることで、支援活動は迷路にはまることなく実行されるだろう。さらに、これらの図は、差異生成を進行させるために、クライアントにしばしば提示される。例えばトラッキングシークエンスの要素の差異化を進めるために、クライアントが語るトラッキングシークエンスはしばしば図示され、クライアントに提示される。この作業により、クライアントは差異化の対象を具体的に把握し、その差異化の行方を想定する力を得る。言い換えるとこれらの図群は支援者の特権的な占有物ではない。

4. 図群の基本的な構成について

1) 図群の基本的構成

本書で取り上げられる一連の問題解決の図を列挙してみよう。

支援の図群は、変容対象の存在とその変容論を述べる基礎理論と、評定、変容法、そして効果測定を論じる実践理論の順で、それぞれにその理論的背景が与えられ、提示される。

基礎理論が一連の図Ⅲ-1から図Ⅲ-8で示される。

評定法の中心的な理論的枠組みは、図Ⅳ-10「シークエンス1：トラッキングシークエンス2の構造と力学」から、図Ⅳ-13「シークエンス4：問題解決の構造と力学」において提示される。

訴えの変容段階と使用する技法の大枠は、図Ⅴ-3「変化の段階と変容技法」、および、それをパーソンズ（Parsons, T.）たちの古典AGIL理論を参考にして再構成した、図Ⅴ-4「問題解決過程の一般理論：解決の局面論」で示される。

また、効果測定が図Ⅶ-1「解決行為の実践前後のトラッキングシークエンスの比較：効果測定」で示される。

これらを支援の枠組みとして、実際の評定、変化、そして効果測定の作業が、以下で表示する図群でより詳細に説明される。

2) 図示の順

最初に、支援活動を説明する図の背後の理論枠である支援の基礎的概念群（対象の存在論と変容論）が説明され、それに続いて、変容の道具としての図を用いた評定、変容作業、そして効果測定が論じられる。

3) 支援の基礎的概念の図：存在論と変容論

まず、Ⅲ章で、支援の存在論および変容論に関する基礎的概念群が提示される。

対象の存在論は、

図Ⅲ-1　支援場面における存在の階梯と階梯間の循環的な変化
図Ⅲ-2　社会システムの力学と構造（1と2と3）
図Ⅲ-3　構成員間でのもののひと化とひとのもの化

である。

　変容論は以下である。

図Ⅲ-4　「私」の生成と「私」による世界の構成
図Ⅲ-5　問題解決のパラダイムのシフト：原因除去論から差異生成論へ
図Ⅲ-6　支援過程におけるクライアントの言語と支援者の言語
図Ⅲ-7　問題解決の連続して生成する力群
図Ⅲ-8　訴えの生成力学

4）評定で使用される概念の図

　さらに、Ⅳ章において、評定の概念として、図群が以下のように提示される。

図Ⅳ-1　クライアントの評定（評定1）と支援者の評定（評定2）
図Ⅳ-2　エコマップ
図Ⅳ-3　トラッキングの表記法
図Ⅳ-4　行為と規則の重層構造
図Ⅳ-5　重層的な意味の構造と力学
図Ⅳ-6　行為と意味の重層性とそれらの生成力学
図Ⅳ-7　トラッキング場面での情報伝達行為と意味構成、そしてそれらの規則の差異化の力学
図Ⅳ-8　行為と行為のシークエンス規則の相互生成
図Ⅳ-9　行為と意味構成および、意味構成と行為のシークエンスの規則の相互生成
図Ⅳ-10　シークエンス1：トラッキングシークエンス2の構造と力学
図Ⅳ-11　シークエンス2：トラッキングシークエンス3の構造と力学
図Ⅳ-12　シークエンス3：トラッキングシークエンス4の構造と力学
図Ⅳ-13　シークエンス4：問題解決の構造と力学
表Ⅳ-1　行為、意味構成、そしてそれらの連鎖の規則群

5）変容に用いる道具の図

変容法の道具としての図群はⅤ章で以下のように列挙される。

図Ⅴ-1　問いかけ法の分類とその用法
図Ⅴ-2　問いかけ法と、世界構成の語りで現れる「私」と対象世界
図Ⅴ-3　変化の段階と変容技法
図Ⅴ-4　問題解決過程の一般理論：解決の局面論
図Ⅴ-5　支援対象の全体的布置図としてのエコシステム

6）支援の実際

Ⅵ章で、事例を用いて、評定と変容の実際が示される。

図Ⅵ-1　仮想事例のエコシステム
図Ⅵ-2　問題増幅場面のトラッキング
図Ⅵ-3　解決行為とその意味構成の考案とその実践の予測のトラッキング

7）効果測定法

Ⅶ章で、図を用いて、効果測定法が論じられる。

図Ⅶ-1　解決行為の実践前後のトラッキングシークエンスの比較：効果測定

8）変化の第一原理：「私」の差異化で変容する問題維持のシステム

この図示された支援論を、支援者の問いかけを文脈的力とする、「私」の差異構成作業による変容という変容論を土台とし、かつ生成論的に定義された社会システム理論に依拠する支援論と見なすこともできるだろう。それは以下の支援過程を有する支援アプローチである。まず、訴えられる生活場面をエコマップに変換する。そして、エコマップをトラッキングシークエンス群として定義する。続いて、クライアントに対して、問いかけ法で、「私」の視点から、訴えのトラッキングシークエンスへの変換を促す。さらに、同じく問いかけ法で、「私」の視点からの、トラッキングシークエンスの要素の対象化、そして差異化を支援する。そして、発生した差異の原生活場面への投入を支え、そのシステムの差異化を支援し、訴えの変

容を試みる。

III

支援の基礎理論

III 支援の基礎理論

1. 支援対象の基礎理論と変容法の基礎理論

1) 支援の基礎理論と実践理論

　支援アプローチは、支援方法を指し示す実践理論と、その土台である支援対象の理論と変容法の理論を要素とする基礎理論から構成される。支援活動は、手持ちの基礎理論がいかなる理論で、それをどのような方法で、実践方法を指し示す理論体系に変換するのかの説明力を持ち合わせていることが要請される。

2) 支援対象の基礎理論と変容法の基礎理論

　以下では、支援の基礎理論を、変容対象の基礎理論と変容法の基礎理論とに区分し論じる。変容対象の基礎理論は、対象の存在様式とその力学を説明する理論枠であり、変容法の基礎理論は、変容の力を論じる理論である。これらの理論を述べ、さらに、それらの基礎論の図を提示してみる。
　まず、変容対象の基礎理論を説明し、図示してみよう。
　実践理論は、図Ⅳの「評定法」と図Ⅴの「変容方法」で論じられる。

2. 支援対象の基礎理論

1) 活きる場論

　支援場面での「活きる」は、原生活場面である対人間のトランズアクション過程において、構成員それぞれが、「私」を生成し、「私」の立場から、行為や意味構成を差異化し、そしてそれらの規則を生成し、規則を文脈とする行為や意味を原生活場面に投入する作業である。「活きる」は、生物

学的な意味での生きるではない。活きる場とは、以下の「私」と「私」の活動と自分自身、さらに行為や意味構成とそれらの規則の構造、つまり社会システムが生成し、それらを文脈にして、原生活場面が差異化する場である。

①「私」を生成させる場

構成員それぞれが、原初的なトランズアクションでの体験を対象化し語る時、「私」が生成する。

②解決行為と意味構成を産出する場

構成員は、問題解決のため、「私」の立場から、解決力を有する行為や意味構成を生成する。

③行為と意味とそれらの規則を生成する場

さらに、構成員は、「私」を主軸にして、ものを伴う、解決力を有する他者への行為選択法や、他者の行為の意味構成法の規則を作り出し、それらの群は社会システムと成る。

④原初的な生活場面を差異化し、新たに生成する場

生成した、規則に従う行為や意味構成を実践する場面は、「私」が、ものが伴う自他間のトランズアクションが展開する、原初的な生活場面を差異化させる場である。

⑤自己を生成する場

活きる場は、構成員それぞれが「私」を生成し、「私」として、自分自身、あるいは自己を生成する場とも言える。構成員が生成する自己は、これらのものを伴う他の構成員たちへの行為や、他の構成員たちの行為の意味構成を制御する規則群と、それらを文脈とする行為や意味構成の束である。

これらの「私」の活動の場全体が活きる場である。

「私」は、以下のⅢの3.「変容法の基礎理論」において説明される。

2)　存在の階梯論

　ⅰ　存在の階梯

原生活場面は多くの場合、即自的に、意識されることなく展開していく、構成員たちが相互に生成していくトランズアクションの束である。そこで

は、規則に従う行為や意味構成が展開しているのであるが、構成員にとっては、それは即自的な過程である。それらの規則とそれに従う行為はある視点から選択され、対象化され、加工されて浮上し、顕在化する。例えば支援者は、生成論的視点から、規則とそれに従う行為を顕在化させるだろう。厳格な官僚主義者は一義性、実在性の視点から、遂行された規則的行為を顕在化させるだろう。ただし、顕在化された階梯の規則に従う行為や意味構成は、即自的階梯の規則的行為や意味とは別物で、構成された規則的な行為や意味構成である。

本書では、存在の階梯論に依拠して、支援理論を構築する。

苦難として体験される原生活場面での、即自的な階梯での規則に従う行為や意味構成がまず想定される。これは第1の階梯である。

その体験が、いまだ対象化が不完全な苦難の話である訴えとして顕在化すると理論化される。これは第2の階梯である。

訴えは、トラッキングの操作によって対象化され、人工的な対自的階梯での行為や行為への意味構成のシークエンス、つまり社会システムに変換される。例えば、$XAc1 \to YAc2 \to XAc3 \to YAc4 \to XAc5$、意味構成過程を加えるならば、$XAc1 \to YMe2 \to YAc3 \to XMe4$ (Ac は Act で行為、Me は Meaning construction つまり意味構成である) という表示法である。これは第3の階梯である。生成論的社会理論の視座からは、シークエンスのそれぞれの要素は差異の集合体と見なされ、それゆえ規則は常に揺らぐと見なされる。

階梯3へのリフレクションで「私」が生起し、トラッキングの力学が具現化する。これは階梯4である。

ii 地平の階梯を還流する差異

人工的な地平の階梯であるトラッキングの地平において、クライアントは、差の生成を支援される。

クライアントYはトラッキングシークエンスの対象化を支援される。ここで、クライアントの「私」と語られる対象、つまり出来事のシークエンスが生成する。

シークエンスの各要素は差異の集合体である。例えば$Y4Ac4$しか選択で

きなかったと考えていたクライアントYが、今一度「私」としてYAc4選択前後の流れをリフレクトすることで、YAc4'の可能性が生じる。その他の要素も自由に選択できるし、トラッキングは相互に結びつく要素の構成体であるので、どの構成要素を選択しても、それぞれは固有の生活場面の差異化の力として作動する。選択行為がYAcn（nはn番目の行為）からYAcn'へと差異化されたならば、それは再び原生活場面の階梯に投入され、苦難の体験に差異が生じる。そしてそれを語ることで生活場面が新たな社会システムとして浮上する。

図III-1　支援場面における存在の階梯と階梯間の循環的な変化

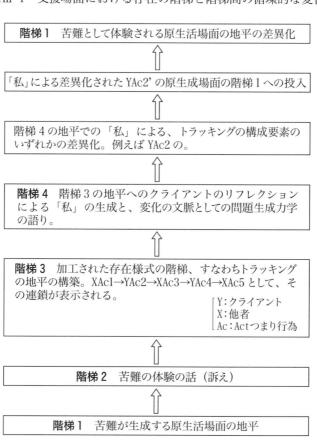

3) 生成的な社会システム理論：問題定義と解決についての同型的理論
i 変換された原生活場面：エコシステム

　原生活場面は、エコシステムとして再構成される。それは、構成員間での情報の送受信の集合体で、家族とその背景システムから構成される生活場面のシステムである。ハートマンたちの原著のエコシステム論では、一連の家族療法の評定や介入法が折衷的に使用されていたのであるが、それ以後精密な評定そして介入法の体系化は進まない。とりわけ国内においてはそれが顕著で、国内でのエコシステム論は、単なるエコシステムの図示に留まっていて、作図の水準で、80年代のハートマンたちの原著の水準よりも一層後退している。原著では、時代的な制約のため体系化は不十分ではあったものの、評定や変容技法群が示されていた。本書では、エコシステムの構造と機能の側面から、エコシステム図、つまり、エコマップの理論的基礎の再構築を試みる。

ii 同型的な社会システム理論：構造と力学

　原生活場面を構成する要素間には、特有の情報の送受信過程が展開する。その展開過程において、要素群が結びつき、構造が生まれる。力学と構造から同型的に集団を定義する理論が社会システム理論である。
　力学と構造を単純に表示してみよう。いずれの集合体も構造と力学から

図Ⅲ-2　社会システムの力学と構造（1）：家族システムの［力学］と［構造］

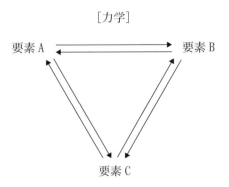

同型的に描き出される。

　――――▶ は情報伝達行為とその意味構成の流れを示す。要素間の情報伝達とその意味構成の繰り返しで、特有のトランズアクションのパターンが生まれ、行為選択と意味構成が規則化され、構造が生成する。

　例えばA対Bは対立、B対Cは強すぎる結合、A対Cは対立など、単純な構造を描くことができる。これを家族システムの構造図と見立てることもできる。夫婦AとBは対立、母子BとCは強い結びつき、父子AとCは対立など。他のシステムの構造も同様に説明できる。

[構造]

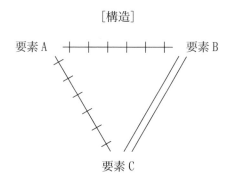

　ここでの構造は、均衡的な構造ではなく、各要素群の送受信および意味構成は差異を内包するので、構造は常に揺らぎ続ける。

　出来事の力学と構造について論じてみよう。

　ある出来事は、以下のシークエンスの形で始点が定められ、終点が設定され、つまり、ワッツラウィック（Watzlawick, P.）たちが理論化したパンクチュエイションで、特有の構造と力学として生起する。始点と終点のシークエンスを要素のシークエンスに再構成したのがトラッキングシークエンスである。

　例えば、Bは、Aが叱る（行為）と、Bは怖がる（意味構成）という力学で、構成要素の行為と意味構成を結びつけ、出来事システムを構成する。AはBの避けるを起点に出来事を構成する。そしてそこでは二者間で特有の問題増幅力学が生成する。

図Ⅲ-2　社会システムの力学と構造（2）：トラッキングシークエンス

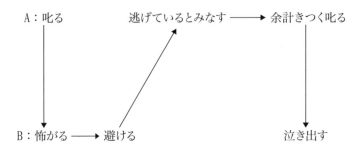

このシークエンスは循環的な力学で構造化される。それを表示するならば、以下の図になる。この循環的な過程で、構成員相互は行為と意味構成の規則を作り出し、構造が安定する。この場合対立構造が固まる。

図Ⅲ-2　社会システムの力学と構造（3）：トラッキングシークエンスの構造化の循環的力学

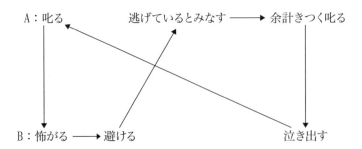

　　　ⅲ　生成的社会システム論：「私」と差異の集合体としてのシステム
　エコシステム、そして、家族システム、出来事、さらに行為や意味構成は、構造と力動性の視点から同型的に、システムとして、定義される。全体社会システムとしてのエコシステムは、サブシステムである家族システムと背景のシステム間の結びつき方の特性、つまり構造とそれらの要素の力動性から説明される。家族システムは、夫婦、親子、兄弟などのサブシステム群の構造とそれらの間の力学とから説明され、その一つのサブシス

テムは、出来事群の構造と力学として捉えられる。さらに、一つの出来事は、行為および意味構成の構造と力学から構成されるシステム、つまりトラッキングシステムと見なされる。トラッキングシステムは差異を内包し、それゆえ、それの集合体であるシステム全体も差異の集合体であり、常に生成の可能性を有する生成的なシステムと見なされる。その差異を生成するのはクライアントの「私」である。

訴えは、「私」が原生活場面での苦難の体験の半意識的な対象化で構成する話である。それらの要素の差異化のために支援者は特殊な変容法、トラッキングを使用する。トラッキングで話に対してクライアントにより意識的な対象化がなされ、語りと語りの主体である「私」が生起する。「私」が生成すると、さらに、語りの要素は生起した「私」によって差異化される。トラッキングシステムにおいて生成した差異は、原生活場面に投入され、そこでの新たな動きの生成が試みられる。

4）活きる場面でのもののひと化と人のもの化
ⅰ 心（サイコ）ともの（ソーシャル）の存在を前提とする支援対象論

国内の多くのソーシャルワークの文献においては、支援対象は、サイコ・ソーシャルであると説明される。時にはこれにバイオまで加えた、バイオ・サイコ・ソーシャルと論じられる。ところが、サイコとは何か、それと結びつけられるソーシャルとは、そしてバイオとは何かと読み進んでみると、その説明は日常の会話と同じような説明法で、問題が生成する生活場面の力動性を読み解くものではなかった。異質な名の列挙に終わっているだけの、つまり、バイオとサイコ、そしてソーシャルと描かれた3枚の札を無造作に並べているだけという印象を受けた。これらの3領域を問題発生の対象として、それに体系だった説明を試みる作業は、身の程知らずの無謀な作業である。これまで、一連の北米のSocial workは、サイコ・ソーシャルという支援領域の明確な定義づけの失敗を繰り返してきた。厳密性を売りにする学者であるならば、そこに自然科学のバイオという変数を入れ込んで支援の対象とするなどという誇大な主張はできないと思うのだが。

既存の国内での支援法においては、サイコ、つまり心の実在性が前提と

され、心に対してのもの資源のシステムとしてソーシャル、すなわち社会は論じられる。そこでは、心とは何かが明確に語られないまま、つまり、人の内面や心の実在性を示すことができないまま、人の心の存在が自明のこととされる。さらに、ものについての考察も不完全なままで、ものである資源の存在が自明であるかのように語られ、資源システムとして社会が説明される。それゆえ社会システムも不完全な概念となる。ものと心を二分化して、それぞれの実在性を前提とする支援法は、それぞれの前提が曖昧であり、支援の枠組みは体系性に欠ける。そこにバイオという前提を加えると、その支援の枠組みは一層、曖昧模糊なものとなる。

支援場面では、ものは複雑な意味を有する。そしてひとの心も同様である。

活きる場面への支援活動において、ものを考える場合、二通りのもの論が浮上する。一つは対象化の作業で生まれる他者の行為のもの化、そして行為の集合としての他者のもの化論である。もう一つはひと的な意味を与えられる物質的条件としてのもの論である。

ⅱ トランズアクション過程における、ひとの行為、およびひとのもの化

「私」は他者の行為、そしてその集合体である他者を、規則に従い対象化し意味構成しなければ、トランズアクションを持続できない。他者の行為を世界構成の主体である「私」の行為と同等の行為として正確に認識することは原理的に不可能である。他者の行為、そしてそれを担う他者を対象化し、ものに変換し、その情報を他者に送信することでのみ、そのような限界において、コミュニケーションが持続する。

ただし、他者のそしてその行為の対象化、つまりもの化は一通りではない。

官僚組織においては、支配的規則によって、強制的に、ひとはもの化される。一義的な、ポジションの定義と、それに結び付く行為規則を提示され、それらが定める手続きに従い、構成員は集団内で職務を遂行する。つまり、構成主体の「私」は消えてなくなり、割り振られた地位での決まり通りの行為を意識的に遂行することを求められる。行為の意味は、規範遵

守であるのか違反であるのかというように、規則遵守の有無をメタ規則にして決定される。すなわちもの化される。官僚制度においては、「私」としての立場からの他者のもの化は禁止される。

　官僚組織に支援を求めるクライアントは、組織内で定めた支援の規則を遵守し、手続きを受け入れることが求められ、もの化される。今日も提唱されている半世紀以上昔のバイスティックの支援原則は、この、組織による人の被拘束性を構成要件としている。バイスティックは、「クライアントの自己決定の権利は……（中略）……機関の機能により、制限を受ける」と明記している。

　他方、接触の様態がface to faceの、官僚制度とは結合の原理が対極的な合意に基づくインフォーマルな集団、例えば、家族等の集団においては、構成員Xは、他の構成員Yの「私」による現実の意味構成を文脈とする行為を、自らの「私」の意味構成の枠組みで構成し、対象化することでしか、つまり、もの化しなければ知ることはできない。Yも手持ちの「私」の構成規則で、Xの行為を意味づけ、もの化する。つまり、これらの集団内でのもの化は、構成員それぞれの「私」によるものの伝達作業としての行為を、別の構成員が「私」として再構成し、もの化する過程である。それは、入力された情報の意味を生成し、それを文脈にして行為を選択する、もの化された情報を送受信する過程である。face to faceの場での対人間のトランズアクションにおいては、構成員間での、「私」の立場からの、他者の対象化、あるいはもの化の持続的な作業が、システム存続の要件である。そして多くの集団はインフォーマルな集団である。

　ひととその行為への、意味構成のもの化の過程は、「私」の即自的な構成過程であり、それは語り直すことでしか、つまり対自化する操作なしには浮上しない。「私」が、体験する行為や意味構成をリフレクトし、対象化し対自化しなければ、トランズアクションは現れない。むろん、語り直された過程は、もともとの原過程とは存在の階梯が異なる。

　支援活動は、このもの化における存在の階梯の違いを念頭に置いて実践される。支援場面では、クライアントは、訴える問題場面について、他者の行為を対象化し、意味づけ、それに対する自らの行為選択を述べるとい

う方法で、シークエンシャルに表現する作業を求められる。これはトラッキングである。その作業は、訴えの対象化で対自的な作業であるが、いまだ問題場面への対象化は弱い。この構成したシークエンスをさらに対象化し、吟味する作業をクライアントは支援される。この強い対象化の作業により、シークエンスを構成する要素の差異化が可能になる。支援活動は、体験の再現であり、半対自的な訴えの階梯2から、対象化が弱いトラッキングの階梯3へ、そして、トラッキングへのリフレクションによる強い対象化の階梯4へと進行する。

iii もののひと化

物質的条件は意識に直接反映するのだろうか。既存の支援論においては、自覚しているか否かの議論はさておき、このような反映論は自明であると見なされている。

ものは対人間のコミュニケーションで重要な役割を担う。ものが伴わないコミュニケーションは原理的に不可能である。祈るという霊的、宗教的行為においてさえも、例えばものである数珠は行為に意味を与え、行為遂行を支える。もちろん数珠は単なる木片の構成体ではない。それは、祈る行為に不可欠な道具という特有の意味を付与されて、ひとの世界に現れる。ひと的な意味抜きのものは現実においては存在せず、ものの意味はトランズアクション過程で、人的、社会的な意味として生成する。物質的条件は、トランズアクション過程で固有の意味を与えられ、行為の文脈として働く。つまり、物質的条件の導入による直接解決という反映論は空論である。

経済的に豊かとはいえない母親が自らの行為規則に従い、何とか子どもに誕生日のプレゼントを購入し、「誕生日おめでとう」と言いながら渡したとしよう。それは安価ではあるが、子どもがずっと欲しがっていた運動靴であった。母親の「誕生日おめでとう」という言語表現は、愛情のしるしとして受け取ってほしいという期待を伴っていると仮定しよう。ここでの靴はただの安物の靴ではなく、期待を強化する、ひと化されたもの(Ocbject given human meaning：OGHM)である。言語と非言語、そして靴(これも非言語)が結合し、それらは安定した愛情情報として伝えられる。

子どもは母親の言語、非言語、そしてひと的な意味を与えられた靴の情報を、愛情の表れと意味づけるだろう。

一方、子どもから靴が破れていると訴えられた親が、「自分で勝手に好きな靴を買うように」と言って、無表情で子どもにお金を与え、子どもは1人で靴を買いに行ったとしよう。子どもは、自分で購入した靴で冬の寒さをしのげるだろう。ここでの靴は親が拒否的な意味を付与するものとしての靴である。親の非言語的な態度から、靴を購入してあげるほどあなたをかわいいとは思っていないという意味を子どもが読みとるかもしれない。すると靴は親への否定的な気持ちを強化するだろう。

このもののひと化も即自的な過程であり、リフレクションによって対象化されることで、クライアントはひと化されたものの意味を顕在化することができる。

　　iv　ひとのもの化、もののひと化の生成過程としてのトランズアクション

即自的な原生活場面でのトランズアクション過程においては、もののひと化を伴う他者の行為を対象化し、何々と意味構成し、もの化する力学と、それを文脈とする、ひと化されたものの送付を伴う行為遂行の力学が連続して作動する。

ひと化されたものを伴う言語および非言語の情報が、他者より「私」に送信される。ひとの行為 Ac は、Verbal (Ve)、つまり言語内容と、Non-verbal (NVe) の非言語、さらに、OGHM、すなわちひと化されたものを要素とする情報伝行為である。受け手の「私」は意味構成規則に依拠し、それを対象化し、もの化し、意味づける。そしてこの意味構成を文脈にして、規則に従い意味構成されたものを伴い、言語と非言語情報を伝達する行為規則に依拠して、行為を遂行する。これはトラッキングで描き出される、即自的な原生活場面の力学である。

「私」によって、対象化され、意味づけられ、「私」の現実構成作業で生成するものと、「私」がひと化した送信情報としてのものとは、相異なるもの概念である。心と対極的な立場に存在する一義的なもの資源という発想は、

III　支援の基礎理論

ものの意味の多義性に無感覚な、架空の一義的なもの実在論である。

　以下の図は、対人間において、ひとのもの化と、もののひと化の両機制が言語および非言語的な送受信過程を通して作動する、問題解決あるいは問題増幅の力学の図である。

　行為 (Ac) は、言語内容 (Ve) と、その意図を受け手に伝える非言語 (NVe) の階梯から構成され、それぞれの階梯はひと化されたもの (OGHM) を伴い

図Ⅲ-3　構成員間でのもののひと化とひとのもの化

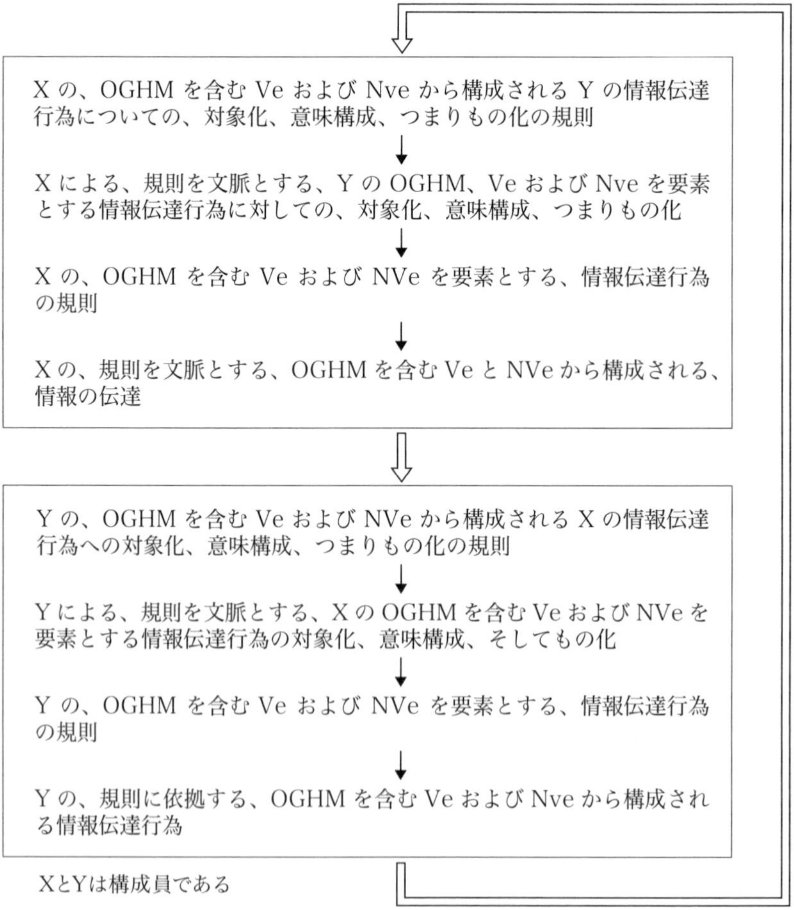

Xの、OGHMを含むVeおよびNveから構成されるYの情報伝達行為についての、対象化、意味構成、つまりもの化の規則

↓

Xによる、規則を文脈とする、YのOGHM、VeおよびNveを要素とする情報伝達行為に対しての、対象化、意味構成、つまりもの化

↓

Xの、OGHMを含むVeおよびNVeを要素とする、情報伝達行為の規則

↓

Xの、規則を文脈とする、OGHMを含むVeとNVeから構成される、情報の伝達

Yの、OGHMを含むVeおよびNVeから構成されるXの情報伝達行為への対象化、意味構成、つまりもの化の規則

↓

Yによる、規則を文脈とする、XのOGHMを含むVeおよびNVeを要素とする情報伝達行為の対象化、意味構成、そしてもの化

↓

Yの、OGHMを含むVeおよびNVeを要素とする、情報伝達行為の規則

↓

Yの、規則に依拠する、OGHMを含むVeおよびNveから構成される情報伝達行為

XとYは構成員である

送信される。

　XとYとの即自的なトランズアクションは、図Ⅲ-3が描くように、もののひと化とひとのもの化の過程として図示できる。支援場面においてこの過程を対自的に語り対象化する作業がトラッキングである。

5) 支援活動場面における、もののひと化、ひとのもの化、そして弱い対象化と強い対象化

ⅰ　もののひと化、ひとのもの化と、弱い対象化と強い対象化

　図Ⅲ-3「構成員間でのもののひと化とひとのもの化」に、強い対象化と、弱い対象化の視点を加味して説明を加えてみよう。

　まず、原生活場面での体験は、即自的な、もののひと化を伴う、自他のトランズアクション過程の構成された感じ方であることを述べておきたい。体験は対象化され、特定の差異として浮上して、訴えとなる。ここでの対象化は半対自的な対象化である。訴えをトラッキング過程に変換する作業は、訴えの対自的な対象化の作業である。ただし、この対自化、あるいはもの化の作業は弱い対象化の作業である。トラッキング過程をリフレクトすることで、強い対象化が生じる。Xの立場から、弱い対象化、つまりもの化と、強い対象化、もの化の説明を行ってみよう。

ⅱ　弱い対象化

　Xは、訴えの要素であるYからの情報を、もの化して、自らの反応を加え、特殊なシークエンスを生成しトラッキングの地平を描く。これは訴えの差異化である。ここでのXによるトラッキングシークエンスの構築は、対自的であるが、シークエンスへのリフレクションが不徹底な、弱い対象化、もの化である。

ⅲ　強い対象化

　Xは、トラッキング過程の地平をリフレクションによって対象化し、差異化する。これはリフレクションが伴う、トラッキングの強い対象化、つまり対象化の対象化で、その強いもの化の操作によって、出来事の問題持

続の力学と構造が浮上する。同時に「私」が生起する。その構造は要素が明確に定義されていて、要素の差異化の作業が容易である。しかしながら、これらの差異化された要素は、あくまでも人工的な差異群であり、それが受肉化され生きた差異となるためには、原生活場面への投入が必要である。

3. 変容法の基礎理論

1)「私」による他者を通した問題解決法の生成論

ｉ 問題解決のスーパーナラティヴの不在

言説は現実そのものではない。それゆえ、言説に依拠し、訴えを上位の理論枠で正確に捉え、類型化して、それを基に解決法を選択し、実践する作業、つまり一方向的かつ指示的な支援は原理的に不可能である。訴え、問題の見立て、そして解決作業は、クライアントおよび支援者も含め個人それぞれが「私」として、独自に作り出す作業である。

ⅱ 「私」論：現実構成のスーパーフォースとしての「私」

構成員は、自ら構成した訴えを対象化し、トラッキングシークエンスに変換して、それをリフレクトし、さらに対象化して語りなおす。その時、原生活世界の生成が開始する。また、そこでは、語る主体である「私」が生まれる。この「私」は、自らの世界構成作業に関して、他者の真偽判定をはじく「私」である。対象化の作業以後、存在の様式は、対象化する主体である「私」と対象化され、もの化された世界（社会システム）とに区分される。以下、図Ⅲ-4を見よ。この語る主体を「私」と呼ぶ。「私」は

図Ⅲ-4 「私」の生成と「私」による世界の構成

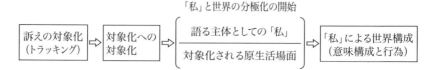

経験的な世界、つまり生活場面のいずこにも存在しない、仮想的な存在であるが、それは強い対象化の作業のなかで、経験的世界を超越する存在として意識化され、実在味を帯びる。すると「私」は世界構成の最上位の力を行使する。認識は、他者の介入が及ばない「私」の認識となり、「私」の行為も同様である。そこでは問題を、経験的世界のメタ階梯に位置する「私」が構成する問題と見なし、解決は「私」が立案する解決であると見なす、認識や実践の基本的視座が確立する。この基本的視座は、論理や実証という経験的世界での真偽判定が及ばない視座である。

iii 謎としての他者との交流の対象化により生起する問題解決法

訴えは、既存の制度化された他者一般やものについての構成法が、クライアントの問題解決作業において力を失った事態についての話である。「私」を無化する官僚組織はさておき、Face to face の集団においては、クライアントにとって他者は、支配的言説が定義する他者一般ではなく、トランズアクションの場において「私」の目の前に現れる、「私」の考えが及ばない謎としてのもう一人の「私」としての他者である。また、他者は、訴える「私」にとって問題解決力を備える、さまざまな世界構成法（行為や意味構成）を、潜在的に持ち合わせている別の「私」としての他者である。クライアントが「私」として、謎である他者を知り尽くし、そのうえで、解決行為を考案することは不可能である。そのため、支援者は、クライアントとしての「私」と、謎であるもう一人の「私」との間で展開する問題出来事のリフレクションを、クライアントに対して励まし「私」を生成させる。そして「私」に対して、謎としての他者との交流を媒介として生成する潜在的な世界構成法の顕在化、すなわち社会システムの生成を支援する。これは既存の支援のナラティブが指示する直接的、一義的な人のもの化に変わる、「私」による構成としての他者の対象化、つまりもの化である。「私」であるクライアントは、この他者との交流のもの化以外での、謎である他者の知恵を知る術を持ち合わせてはいない。対象化は、「私」の世界についての認識や、世界構成の限界を説明する用語である。つまりそれは、ひとは実在を掴む力を有してはおらず、世界認識は、加工

作業であることを説明する言葉である。「私」は他者とのトランズアクションの過程で、交流を対象化することで他者の現実構成法を顕在化させ、さらに、それを対象化して、学び、学んだ新たな行為や意味構成を自らの問題解決のシェマに取り入れる。言い換えると、「私」は問題解決法を構成する。クライアントが「私」として、他者の構成法を対象化し、構成し、学ぶことで、自らの問題解決作業（図Ⅲ-3 でのひとのもの化ともののひと化）が開始し、訴えは差異化される。この対象化による学びを支援するのが、問いかけの技法である。問いかけは変容の力である。支援者にとっても、他者であるクライアントは謎である。謎であるクライアントのメッセージに対してのメタレベルからの解釈や指示は不可能で、そのメッセージ、つまり訴えを解決するには、問いかけでトランズアクションに内在する潜在的な解決法を顕在化させ、構成する以外の方法を支援者は持ち合わせてはいない。

2) 変容法の基礎理論の推移：原因除去論から「私」による差異の生成論へ

 i 原因除去の変容論

「子どもを好きになれない」と訴える母親クライアントに対して、支援者は「どんな時に最も好きになれないのかをお伺いしてもよろしいでしょうか」と問いかけ、親子関係での問題発生の原因を探索するだろう。クライアントは「普段はそうでもないのですが、経済的に苦しくなった時、子どもの些細なことに対してイライラがひどくなります」と答えたとしよう。すると支援者は、普段の様子の説明を求めたうえで、それほど明確には問題生成の内的力学を確認できなかったならば、クライアントの精神的問題よりも、経済的困窮を問題発生の原因として重視し、単純な評定を加え、可能な経済的支援を試みるだろう。これは心理社会療法的支援方法である。

　原因除去論においては原因が想定され、支援者はその除去を試みる。支援者は既存の原因を巡る言説を土台にして訴えの背後に原因を想定するだろう。その際、訴えは必ずしも真なる情報を伝えるものではないがゆえ、支援者は他の調査データによって、真なる事態の原因を読む力を有するこ

とが前提とされる。つまり支援者は、問題発生の原因を、クライアントの訴えと調査から得たデータから掴もうとする。支援者がクライアントに対してメタポジションに立つ能力を有しているならば、この問題解決法は成り立つだろうが、しかし支援者はその様な力を有していない。主流の支援論においては、通常、原因は内部か外部に存在すると見なされる。内部は精神内部の原因で、外部は社会に存在する原因である。例えば、精神分析理論は、問題（病理）発生を内部の精神装置の問題と見なす。しかしながら、それは実在する装置ではなく、あくまでも精神的病理を説明する語りである。俗流の唯物論は、生活場面での問題を外部の経済的な条件の直接的な反映と見なすだろう。経済的構造は、複雑な存在の様式を過度に単純化して作った概念で、そこから、ひとの行為や思考の在り方を演繹的に説明しようとしても原理的に無理である。筆者は支援者の超越的な原因探求法の知識を目にしたことは無い。

　クライアントの問題定義は構成された問題定義である。支援者の原因探求の知識は超越性を有する知識ではない。訴えは構成された訴えであり、支援者は超越的な知識を保有しておらず、それゆえ、訴えの原因追及は困難になる。適応上の問題の発生の原因を内あるいは外という範疇で説明する支援の言説は、はもはや時代遅れの言説で、支援論は原因除去から、行為や意味構成の差異論へと転換しなければならない。

ⅱ　「私」による差異の生成としての変容論

　何かが物理的な力を働かせ、それがシステムの全体の動きを作り出しているならば、動きの原因はその力であるので、その力を制御することで、システムには変化が作り出されるだろう。ひとのトランズアクションに目を向けてみよう。そこで、構成員相互の間で対立が生じたとしよう。対立を起こしたのは、それぞれの物理的力であるのか。大相撲ならばそうであるだろう。しかし、現実のトランズアクションは、他者よりのメッセージの送信、その意味構成（差異の生成）、それを文脈とする行為の選択（差異の生成）、そして行為の遂行という、構成員の、「私」の立場から特定の意味や行為を生起させる、差異化の過程である。メッセージは（もちろん

訴えも）それまでの構成規則によって、特定の形で意味づけられ、生成させた意味は、行為選択の規則下で、固有の行為選択へと展開する。

　差の生成を試みる手法を簡単に説明してみよう。

　「子どもを好きになれない」という訴えに対して、支援者は、好きになれない場面を問いかける。そしてそれを具体的な行為と意味構成の連鎖に変換する。変換された地平は、好きになれないという過度の一般化を、行為と意味構成の連鎖に変換するので、そこではもはや好きになれないという一義的な態度の構成は霧散する。そこでの最初の子どもの行為、それに対して母親の意味構成、そして母親の行為選択のいずれかについて、例えば、具体的行為の「泣く」への意味構成「好きになれない」を取り上げ、それを母親に振り返ってもらうと、「ちょっと何か言えば、すぐ泣いてごまかす」と答え、さらに、「一方的な思いかもしれませんが」と付け加えたとしよう。「一方的」の再記述をクライアントに求めると、別の意味構成「私に叱られて悲しかったのかもしれません」とクライアントが説明したとしよう。支援者が、「お子さんが泣いた時、悲しいと思っていると捉えたらどうなりますかね」と尋ねると、クライアントはおそらく「ひどく叱ることはありません」と続けるだろう。つまり、ここでは、最初の母親の子どもの行為への「すぐ泣いてごまかす」という意味構成ないしはもの化は、潜在的には、「悲しいことの表現」を含んでいたと再構成される。一つの意味構成、そして行為は差異の集合体であり、潜在的な意味構成あるいは行為を顕在化し、差異を生成することで、問題は解決に向かう。本書の支援法は原因追及とは対極的な、差異の生成である。

　人の世界は、何かの物理的あるいは心理的原因（いずれも曖昧な原因である）で直線的に作り出されるのではなく、差異の構成作業によって生成されるのである。訴えも同様で、訴えはある構成文脈下で、出来事の取捨選択によって生成する話である。選択されなかった出来事は、訴えへのリフレクションにより、顕在化する。あるいは訴えの構成要素である出来事は、その構成要素（行為および意味構成）の文脈に依存した特殊な結合で生起する。それゆえ、それらの差異化で、別の出来事が生まれる。つまり、訴えは再構成が可能な差異の集合体である。差異は、主体「私」の訴えや

出来事についての語りにより生成する。

ここでの文脈とは、出来事選択や構成の規則である。もちろんこれらの規則は、行為や意味構成の差異化で差異化する生成的な規則である。

原因追及の支援法から、「私」論を組み合わせた差異生成の支援法への移行を図示しておこう。

図Ⅲ-5　問題解決のパラダイムのシフト：原因除去論から差異生成論へ

因果論的支援アプローチ

・問題生成の原因論
　　問題を直線的に生成する原因の実在性が想定される。
・問題への解決法
　　支援者による問題生成因の除去が解決法と見なされる。

差異生成論的支援アプローチ

・構成される問題
　　問題は「私」が構成した訴えとして定義される。
・問題の解決法
　　「私」による訴えの差異化で問題解決が試みられる。

3）現実生成の道具としてのクライアントの言語と支援者の言語
ⅰ　クライアントの訴えと問題解決をめぐる言語

クライアントの訴えは、通常は即自的に流れる原生活場面で不調和を体験し、解決の困難さという固有の視点から、日常言語を用いて、原生活場面での類似した体験とその要素（出来事、その行為や意味構成）を取捨選択的に構成する時に生起する。それは対象化が不十分な、いまだ、半対自的ナラティヴである。続いて、クライアントは訴えを対象化し、それを差異化して、解決する力を持つ語りを浮上させる。訴えは原体験に近い話であり、訴えの対象化、そして差異化によって生成する解決の語りは、原体験から遠ざかる。再び、現実と接点を持つために、クライアントは現実離

反した解決行為を原生活場面で実践し、その後の事態を語る。宗教的な言い方をすると、実践は語られた解決行為を受肉化する。

ii 支援者の問題解決を支援する言語

　日常の言葉を用いた、訴えの解決が困難であるがゆえ、支援者には、訴えの解決を支援するための特殊な解決法の言語が求められる。それは、クライアントが自ら訴えの構成を差異化し、新たな現実構成を試みる作業をあと押しする、文脈的な力を有する、支援についての言語である。その言語は、あくまで、クライアントの問題解決作業への貢献を意図した、人工的な言語であり、世界の説明力については日常的言語を用いた訴えが優位である。しかしながら、訴えは問題解決法が不在の話であり、同時に、何らかの方法で解決を求める話である。原生活場面に密着した、訴えの単なる受容は、解決の不可能さを強化する。それゆえ解決のため、あえて、原生活場面から離れ、人工的な問題解決法を浮上させ、それを原場面で実践するという、遠回りの解決法を支援者は採用する。

　以下Ⅴ章「変容方法」で詳しく述べるが、まず、支援者はトラッキングの地平を提示し、クライアント自らその地平の構成要素の差異化をするよう支援する。これは問いかけ法である。ただし、この地平でクライアントが生成した差異は、体験とは存在の階梯が異なる人工体な差異である。支援者はこの人工的な差異を、クライアントに対して、原生活場面に投入する支援を行う。この差異化とその原生活場面への投入を支援する問いかけの体系が、支援者の支援の言語である。

iii 相互生成するクライアントの言語と支援者の言語

　クライアントの訴えの話と問題解決の語り、つまり言語と、支援者の支援の言語との関連を図で整理してみよう。問題解決過程は、クライアントの問題解決についての言語と、支援者の支援言語が相互生成的に展開する過程である。以下その過程を図示する。

図Ⅲ-6 支援過程におけるクライアントの言語と支援者の言語

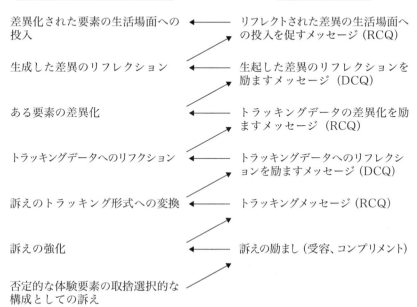

RCQおよびDCQについては、Ⅴ章「変容方法」の1「変容技法群」で説明をする。簡単に述べるならば、RCQはReflexive circular questions で、差異生成を試みる循環的問いかけ法であり、DCQはDescriptive circular questions で、生起した差異への振り返りを記述する循環的な問いかけ法である。

4) 変容の力論

ⅰ 一義的な一方向的な現実構成力の不在

　物質や、言説、あるいは心内の要素など、世界の一義的、一方向的な構成力という実在する力は、架空の概念であり、存在しない。しからば、世界の構成力とは。

ⅱ 変化の力としての「私」と差異

　クライアントは、あるひとつの行為選択や意味構成しか選択できなかっ

たと思い込んでいる。ところが構成されたその場面を振り返ることで、他者が送信する情報に対して、他の意味群を廃棄し、一つの意味構成を生成したという差異生成の力学に気づくであるだろう。つまり、クライアントは、選択できる意味は複数あるが、手持ちの意味構成規則によって、自ら「私」として、その中の一つを浮上させさせていたと、再認識するのである。この意味の生成規側が差異化されるならば、クライアントはそれを文脈とする新たな意味構成を行うだろう。それまで、この意味を受信したらこの行為選択という規則が存在したのだが、そこに別の意味が出現するならば、行為選択の規則は揺らぎ、新たな意味と結びつく行為が選択されるだろう。つまりここでは意味が差異化されることで、行為の差異化が生じる。現実構成は差異化の力で展開する。そして差異化の主体は「私」である。

「私」による差異化は世界を生成する根源的な力である。また、それらは、差異化の手法である支援者の問いかけ（DCQとRCQ）を理論化する基礎概念である。

iii 変化の力である、支援者の問いかけと「私」による差異生成の連続的な過程

問題解決の力は、クライアントの訴え、支援者の問いかけ、そしてクライアントの「私」による差異生成作業間で、循環的に作動する世界構成の力である。差異の生成過程が停止した事態は、問題解決の力の作動が停止した事態である。

まず訴えが生起する。訴えは解決力を内包し、解決意欲を表示する力である。

支援者の変化の地平作りを意図した問いかけRCQを文脈として、クライアントは訴えを対象化し、固有のトラッキングシークエンスに変換する。つまり差異化する。ここで原生活場面の弱い対象化、あるいはもの化が開始する。

さらに支援者のDCQを文脈にして、クライアントはこのシークエンスへのリフレクションを支援される。そのリフレクション、つまり対象化によって、トラッキングシークエンスは差異化され、現実構成の主体である「私」と、問題

生成の力学と構造とが生み出され、問題が焦点化される。これは強い対象化である。

　クライアントは、支援者のRCQを媒介として、「私」として、訴えのトラッキングシークエンスを構成する解決行為や意味構成を差異化させる。

　クライアントは、「私」として新たに差異化させ、浮上させた解決行為や意味構成を原生活場面で実践する。さらに、原生活場面の力学を変化させる。

　訴えから解決行為の原生活場面への投入までの変化は、訴えを先行的力として、段階ごとにその形態が異なる支援者の、問いかけを媒介とする、同じく段階ごとに異なる「私」による連続する差異の生成過程である。つまり変化の力は原因を作り出す源としての実体的な力ではない。それは、

図Ⅲ-7　問題解決の連続して生成する力群

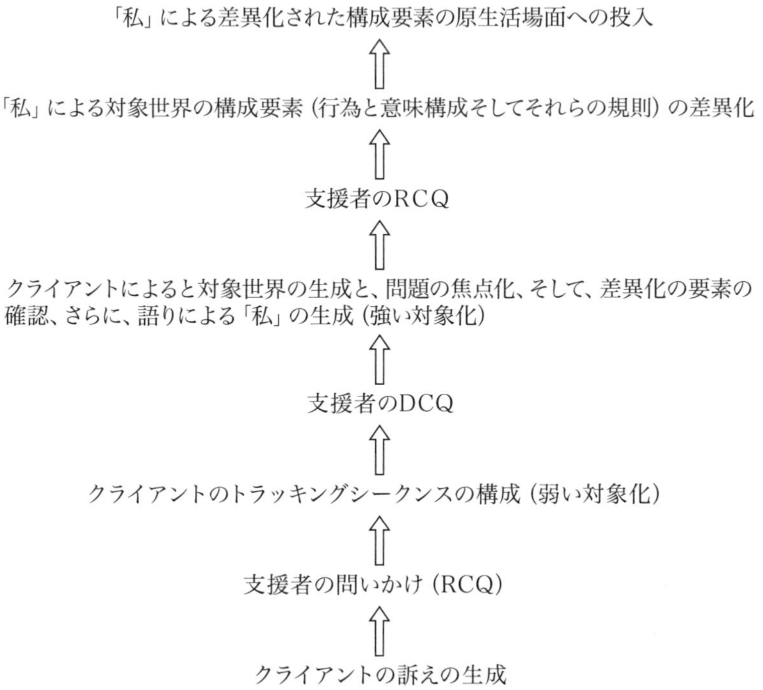

「私」による差異化された構成要素の原生活場面への投入
⇧
「私」による対象世界の構成要素（行為と意味構成そしてそれらの規則）の差異化
⇧
支援者のRCQ
⇧
クライアントによると対象世界の生成と、問題の焦点化、そして、差異化の要素の確認、さらに、語りによる「私」の生成（強い対象化）
⇧
支援者のDCQ
⇧
クライアントのトラッキングシークンスの構成（弱い対象化）
⇧
支援者の問いかけ（RCQ）
⇧
クライアントの訴えの生成

実体的な力ではなく、上記図Ⅲ-7で示す、連続した支援者の問いかけとクライアントによる差異生成である。

ここでの差異は対象化によるもの化という、原生活様式の加工あるいはもの化で生起した加工物としての差異であり、体験的、即自的な生活場面の差異とは存在の階梯が異なる。それゆえ、それは原生活場面の直線的な生成力を持ち合わせてはおらず、原生活場面でのトランスアクションに投入され、そこで、一つの差異として働くことで、初めて変化の力となる。

5）訴え論
ⅰ　真偽判定が無効な訴え

訴えはクライアントが構成した話としての訴えである。対象を映し出した意識という反映論を採択するならば、話される文構成の真偽は判定できるだろうが、そのような単純な反映論はもはや認識論として通用しない。つまりひとの構成の真偽を決定する基準は不在である。構成された話である訴えは真偽判定の対象とはならない。それら全体に一義的な真偽の判定を下すことは無理である。つまり訴えが正しいのか、作り話なのか、あるいは、それは認識や行為選択の不全性を示しているのかなどの評定は不可能である。真偽判定の視点からの訴えの吟味では支援活動は行き詰る。

ⅱ　問題解決の力としての訴え

訴えは、解決が不可能な話であるが、同時にクライアントは解決を求めている。訴えは問題解決へと、クライアントを動かす力である。そして訴えは潜在的に解決方法（解決の力）を内包する。本書においては、訴えから、クライアントの問題を引き出したり、あるいは、それを単なる助けの希求として受容するという訴えの定義は採用されない。むしろ訴えは励まされなければならない。

ⅲ　訴えの生成力学

生活場面が苦しみとして体験される時、ひとは主体として対象化を開始し、取捨選択的に構成し、原生活場面を苦難の場として他者に話す。これ

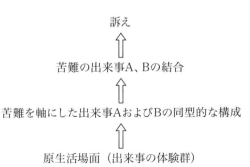

図Ⅲ-8　訴えの生成力学

は訴えである。訴えられる苦難の体験とは、構成された体験である。そこでは初期の中核となるいくつかの出来事の体験、あるいはトランズアクションの体験に一致する出来事やトランズアクションが組み込まれ、その体験から外れる体験は選択されない。

　解決の対象である訴えの構成力学は以下である。

　苦難の体験を軸に、出来事Ａと出来事Ｂが選択され、両出来事が同型化され、結合されて、訴えが一つの世界構成法として生じる（上記図Ⅲ-8）。ただしこの構成は、いまだ、前意識的、半対自的な構成作業である。訴えをトラッキングシステムに変換し、さらにそれを対象化し、対自化して語る時「私」が生成する。そして「私」が生成すると、その「私」は潜在的な問題解決法を浮上させる。図Ⅲ-4「「私」の生成と「私」による生活世界の構成」、あるいは図Ⅲ-7「問題解決の連続する力群」を見よ。

ⅳ　存在様式の階梯と訴えの解決法

　対象化されていない原生活場面は、ものにひと的な意味を与え、ひとをもの化する力学が内在する、構成員間の即自的な情報の送受信過程の束である。そこでは意識化されることなく、行為選択や意味の生成の作業によって、ひとのもの化ともののひと化が展開する。ところが苦難が体験されると、その状況への考察が始まり、ストーリーが生成する。これは、差

異化された体験としての訴えである。訴えは、体験の表明で、いまだ対象化が不完全な、半対自的な話である。特殊な支援法で訴えへの対象化が支援され、その作業を土台にして、解決行為や意味構成が生成する。クライアントには、まず体験される苦難の階梯（これを階梯1とする）が存在する。この体験は、訴えに変換される。訴えは体験の構成で、対象化が為されていない、半対自的な存在の階梯（階梯2）のナラティブである。クライアントの訴えは、対象化され、対自化されて、トラッキングに変換される。しかし、この第3の階梯としての地平は、いまだ対象化が弱い存在の階梯である。トラッキングはクライアントによってリフレクトされ、対象化されて、明確な構造となる。この強い対象化の作業においては「私」も生起する。この強い対象化で現れるのが第4の存在様式の階梯である。ただし強い対象化で出現する第4の階梯は、あくまでも加工された存在の階梯であり、体験が生じる階梯とは別の存在様式である。階梯4の要素は差異化され、それは、階梯1、つまり体験の階梯に投入されて、現実との関りを獲得する。

　支援対象の基礎理論、および、変容法の基礎理論という基礎理論に続き、以下では、評定法、変容法、そして効果測定論から構成される実践論について論じる。

IV

評定法

IV 評定法

1. 再定義された評定

1) 評定とは
i 3種類の評定

評定は問題生成力学についての評定であり、またそれは、産出された解決行為への評定で、さらにそれは解決行為実践後の変化についての評定である。

ii 支援者の評定の非特権性

支援者が問題生成の原因を把握する力を有するならば、問題生成力学を解明し、原因を把握することが評定作業になるだろう。ところが、結果を直線的に作り出す究極の原因を探し求めても徒労に終わる。究極の原因の存在という発想は形而上学的な前提にすぎない。それゆえ、問題発生の理解力を有する支援者による特権的な評定を主張する評定論は正当性の論拠を失う。因果論を前提とする他の2種類の評定も同様である。

iii 現実から遠ざかる支援者の評定

評定は、クライアントの、差異生成の文脈となる、苦難の体験についての訴えを対象化した語り、つまり評定（以下では評定1と表記する）についての、支援者の語り（以下では評定2と表記）である。また評定はクライアントが語る問題解決行為がもたらした出来事の差異化についての評定であり、それはクライアントの出来事生成についての評定1への、支援者の評定2である。支援段階においては、クライアントによって、まず問題生成力学の評定がなされ、解決行為の生成後その解決力が評定され、さらに、その実践がもたらした事態の評定がなされる。そしてこれらの評定1

を支援者は語り直し評定する（評定2）。

　クライアントの評定1はトラッキングの地平で試みられる。支援者はその説明を手持ちの概念用具により、生成力学と構造を加工し、自らの評定2とする。より現実に近い評定はクライアントの評定1である。評定1の評定、つまり評定2は現実から遠ざかる評定法である。

ⅳ　変容技法を選択する文脈としての評定2、そしてクライアントの差異生成への文脈的力としての変容技法

　支援者は支援活動において、クライアントのトラッキングデータについての問題生成の語り（評定1）を評定（評定2）する。

　さらに、クライアントの問題生成力学の語りが表示する問題の焦点つまり、変化の対象の差異化を支援するべく、クライアントの問題生成についての見立て（評定1）を読み直し（評定2）、それを文脈に変容技法を選択する。

　しかし、支援者の変容技法は、クライアントが独自に展開する潜在的問題解決法、つまり差異生成の顕在化の作業を側面から支援する道具にしかすぎず、評定もクライアントの解決行為の生成に必要な評定1を読み直す作業にしかすぎない。クライアントが、あるトラッキングデータのある要素を、問題の焦点、つまり、変化の対象として選択した場合、支援者は自らの評定2を文脈にして、差異化を強化する力を有する質問を用いて、クライアントが自ら生成するその後の変化を側面から支援する。

2) クライアントの評定1そして支援者の評定2
ⅰ　強い対象化によるクライアントの評定と支援者の評定

　評定はクライアントの評定作業から開始する。クライアントの評定作業は、現在の事態を引き起こしたと想定する過去の原因の探究から、トラッキングシークエンスでの地平へのリフレクション（強い対象化）による、構成要素の差異生成の停止、ないしは差異生成の可能性の考察へと移行する。図Ⅲ-7を見よ。クライアントは、DCQによってトラッキングシークエンスの強い対象化を支援され、体験を対自化し、その問題生成の力

学の評定（評定1）を試みる（以下図Ⅳ-1④）。支援者は、差異化への支援を試みる問いかけ法の選択につなげるべく、クライアントの問題生成の語りである評定を自らの言葉で語り直す。つまり評定2を試みる（以下図Ⅳ-1⑤）。さらに、クライアントは、問題生成力学への差異化の作業で生成した問題解決行為へのリフレクションを支援され、その解決力がクライアントにより（図Ⅳ-1⑦）、そして支援者によって評定される（図Ⅳ-1⑧）。

ⅱ　クライアントと支援者の評定作業の流れ

以下図Ⅳ-1の「クライアントの評定（評定1）と支援者の評定（評定2）」において、評定1と評定2の流れが示される。DCQを媒介として、クライアントは弱い対象化で生起させたローデータとしてのトラッキングシークエンス図Ⅳ-1の③の対象化（強い対象化）を試み、そして問題生成の力学の評定（図Ⅳ-1の④、評定1）を行う。支援者は自らの分析道具によって、クライアントの評定1を自らの評定2に変換する（図Ⅳ-1の⑤）。その上で、問いかけ（RCQ）を開始し、クライアントが問題の焦点と見なした対象の差異生成作業（図Ⅳ-1の⑥）に貢献する。クライアントは、支援者のDCQを文脈にして、生成させた差異の変容力をリフレクトする（図Ⅳ-1の⑦、評定1）。支援者は自らの言葉で、それを語り直す（図Ⅳ-1の⑧、評定2）。クライアントは、RCQを媒介にして生活場面で解決行為を実践し（図Ⅳ-1の⑨）、さらに、DCQで、トラッキングで表示される、解決行為が作り出した事態へのリフレクションを通して、その評定を試みる（図Ⅳ-1の⑩）。支援者は自らのジャーゴンでそれを語り直す。

　DCQおよびRCQについては次章の第Ⅴ章で説明される。

図Ⅳ-1　クライアントの評定（評定1）と支援者の評定（評定2）

⑪　評定1への支援者の評定（評定2）

⑩　支援者のDCQを文脈とする、クライアントによるトラッキングで変換された投入後の事態へのリフレクション（評定1）

⑨　支援者のRCQによる、クライアントの解決行為の原生活場面への投入

⑧　支援者による⑦の語り直し（評定2）

⑦　支援者のDCQによる、クライアントに対しての、⑥で生成させた差異の変容力へのリフレクション（評定1）の支援

⑥　差異生成を支援する支援者のRCQによる、クライアントのトラッキングデータへの差異生成

⑤　支援者によるクライアントの評定の語り直し（評定2）

④　支援者のDCQによる、クライアントの、トラッキングシークエンスへのリフレクションを通しての、苦難の生成力学の強い対象化、そして問題の焦点化（評定1）、および「私」の生成

③　支援者のRCQによる、クライアントの訴えのトラッキング。弱い対象化

②　支援者による、クライアントの訴えの強化

①　生活場面でのクライアントの訴え

2. 評定の理論的道具

1) エコマップ

トラッキングシークエンスを構成要素とするエコマップを取り上げてみよう。

訴えはエコシステムの文脈において把握される。本書では支援対象の基本的枠組みである、生成的社会システムとしてのエコシステムを、構造と力動性を軸にして、エコマップとして図示する。このエコシステムの表示法と、構成要素間の結びつきを単に直線を用いて表示する、構造と力学との視点が希薄な既存のエコマップとを比較して欲しい。

図IV-2　エコマップ

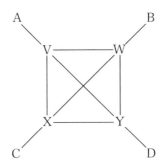

要素V、W、X、Yの構造は家族システムである。
A、B、C、Dは背景のシステムである。

エコシステムの基本的な構成要素は、構成員間のトランズアクションの束であるサブシステム（上記ではVとW、あるいはXとYなど）で、また、これらのサブシステムは、行為や意味構成が相互に生成するトランズアクションの束である。トランズアクションの出来事は、行為と意味構成を要素にして、トラッキング法で表示される。

2) トラッキング

トラッキングは、クライアントが訴えや問題解決過程を、構成員間での行為 Ac と意味構成 Me の交換過程に変換する作業である。出来事についての熱い訴えや解決過程の語りは、生きた世界の出来事の差異化を図るために、質問法によって冷却され、トラッキングシークエンスの形に変換される。問題解決過程も同様である。変換された出来事の基本的要素は行為選択と意味構成である。問題出来事が行為と意味構成に分解されることで、差異化の対象が明確になる。あるいは解決過程がトラッキングシークエンスに変換されることで、その力学が明確になる。さらに、トラッキングシークエンスは、構成員間のひと化されたものを含む、ひとのもの化つまり、意味構成（Me）の情報交換（Ac）の循環的な過程を説明する理論的道具であるので、それを用いることで、ひと化されたものを伴ういずれかの要素（Ac あるいは Me）の変化が他の要素の変化に結び付く出来事システムの変容力学を映像化することができる。

トラッキングの効用は以下のように要約できる。

トラッキングによるクライアントの訴えの変換は、問題である出来事の構成的な過程を描き出し、クライアントの差異生成に貢献する。また、それは差異生成の力学の説明力を有する。

強調したいのは構成主義的観点である。このクライアントの訴えの対象

図IV-3　トラッキングの表記法

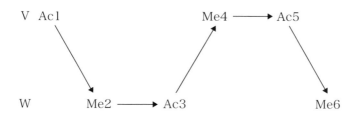

Ac は、OGHM（Object given human meaning）を含む情報送信行為（図III-3を見よ）で、Me は意味構成である。V と W はシステム構成員である。

化によって浮上するトラッキング過程は、ある行為や意味構成が常同的に顕在化され、他のそれらは顕在化を阻止される過程を描き出し、さらに、上位システム、例えば、父子あるいは母子システムで差異生成が停止する事態を描写する。上位システムの均衡化は、全体システムの均衡化でもある。問題解決過程も取捨選択的に構成される。

廃棄された行為や意味構成は、何らかの力で、例えば問いかけで、浮上し、それらの規則が揺らぎ、サブシステム全体の差異化が開始する。

3）情報伝達行為の解析法

これは上記トラッキングシークエンスの要素である行為を評定する支援者の手法である。

情報が伝達される場合、説明の内容が言語的（Verbal：Ve）に伝えられる。「今3時だ」、「部屋の温度は30度だ」、「こちらに行けば行き止まりだ」などと。ところが、この内容は、語用論が説明するように、声の大小、テンポ、顔の表情などの非言語的（Non-verbal：NVe）な手段で伝達される。それらは、言語情報の受け取り方を相手に伝達する。他者を理屈で説得すればするほど、他者の反応が硬化する場面に私たちはしばしば直面する。ここで力を有しているのは相手に受け取り方を表示する非言語的な情報である。

行為は、言語情報と非言語の階梯、そしてひと化されたものの情報から構成され送信される。言語情報はメッセージの内容の階梯で、非言語情報は他者への反応の要求を求める階梯である。

行為は、繰り返しで規則化される。行為伝達の規則は、生起した出来事の内容を言語（Verbal：Ve）で相手に伝達する方法を示す規則と、相手に説明して、さらに特有の反応を求める表情等非言語的（Non-verbal：NVe）な階梯の情報伝達の規則、そしてひと化されたもの（OGMH）の提示規則から構成される。誕生日には、「誕生日おめでとう。これはプレゼント」という言語メッセージと、「この言葉は大切なあなたへの誕生日を祝うことばとして受け取ってほしい」という表情等の非言的階梯のメッセージが、人的な意味を与えられたものと共に、規則を文脈にして伝えられる。

情報を受け取る側の意味構成規則は相互に連関する、具体的な行為 (Ve + NVe) の階梯、そしてひと化されたものについての意味構成規則である。

規則を文脈に、行為や意味構成が遂行される。言語 Ve と非言語 NVe の階梯、そしてひと化されたもの OGHM についての規則論の導入は、変容の標的を定めるには有効な枠組みである。

多くの場合 Ve と NVe のそれぞれの階梯、そして OGHM は対立することなく、行為の構成要素として送信され、コミュニケーションは平穏に進行する。それは例えば「誕生日おめでとう」(Ve) と笑顔 (NVe) で、贈り物 (OGHM) を提示する行為である。

Ve + NVe + OGHM はそれぞれの要素が相互に肯定的なコミュニケーションの生成を補強するのみならず、攻撃を強化する力学も作り出す。それは、子どもが好まない誕生日の贈り物 (OGHM) を「ほらこれがお前へのお祝いだ」(Ve) と、気乗りしない表情で投げ与える (NVe) 行為である。ここでは、贈り物には誕生日を祝うものという意味 (OGHM) は与えられていない。子どもは「いらない」と対抗するかもしれない。

OGHM が伴う Ve + NVe +間の力学で、受け手を対応不可能にするのは二重拘束的事態である。それは、Ve と NVe が矛盾する形で繰り返し送信され、さらに贈り物の意味もその矛盾を強化し、強い決定不全の構造から受け手は逃れることができない事態である。受け手は「これがあなたのために買ってきた誕生日のお祝いよ」(Ve) と伝えられる。しかし表情は硬く、表現方法も文章の棒読みの感じで、手渡し方も乱暴である (NVe)。この贈り物は、子どもが望むものではなく、お祝いではないという意味が付与されている。Ve と NVe、そして OGHM が対立する情報伝達行為が規則化しているならば、受け手は、反応を停止せざるを得ないであろう。「ありがとう」と言って受け取るのが困難になる。しかし受け取らないわけにはいかないだろう。

Ve + NVe、それに伴う OGHM の構造と力学を読み込むならば、問題の出来事を差異化する手掛かりがえられる。「私が誕生日のお祝いを与えても、子どもは嬉しそうな顔をしません」が訴えであったと仮定しよう。それは

IV 評定法

図Ⅳ-4　行為と規則の重層構造

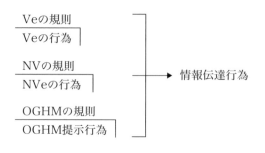

$\dfrac{\text{Veの規則}}{\text{Veの行為}}$ は規則が行為の文脈になるという表示法である。

二重拘束的な行為規則を文脈とする行為が引き起こした事態であるかもしれない。

　OGHM を含む Ve + NVe を要素として行為を図Ⅳ-4 で示した。

4）重層的な意味生成論としてのもの化

　送信された情報、つまり行為全体は受け手により、送信者の意図通りに受け止められることは無い。ひと化されたものを含む言語と非言語の行為全体は、受信者によって対象化され（弱い対象化）、固有の意味構成が加えられ、言い換えるともの化される（強い対象化）。もの化としての意味構成作業にも規則が生成文脈として作動する。例えば、これまで繰り返されたシステム内でのトランズアクション（出来事）についての意味構成法（規則）は、次の相手から送信された情報を意味づける文脈として働くだろう。あるいは、出来事についての意味構成が規則化されると、自他関係の意味構成法が形成されるだろう。この力学が常同化すると、システムの生成は停止する。つまり問題が持続する。反対に、行為への意味構成が差異化されると、それは、それまでの出来事構成規則を動かし、そして関係性定義法が差異化されるだろう。つまり送信された情報は、これら重層的な相互生成する意味規則を文脈として意味づけられ、もの化される。

私たちが、世の中を語る時、それを重層的な意味の構造として説明し直すことができる。この重層的に世界を見分ける視座は、クライアントの問題の訴えやその解決についての語りを整理し、解決力を強化するために有効である。例えば、クライアントがだれも信用できません（これは以下の図IV-5では関係性Re）と訴えたならば、具体的にそれを感じた出来事を話してもらうことで、一つの行為の意味構成の差異化が生じ、それは上位の意味構成である関係性にまで及ぶ、つまり、クライアントの関係性の訴えを解決できると想定することができるだろう。この重層的意味群の力学に言及することなければ、構成員の適応不全につながる意味構成、すなわちトランズアクションの対象化の力学を差異化することはできない。

　以下、クロネン（Cronen, V.E.）やトム（Tomm, K.）の重層的な意味構成の構造と力学と、それらの規則を表示する。

　他者から送信された行為は、出来事の構成法や、関係性、そして、生活全体の意味の構成規則を文脈にして、特有の意味が付与される。逆に、行為の意味構成の差異化は、それまでの出来事の意味構成法に影響を及ぼし、それは関係性や生活全体の意味の構成法への差異化の力として作動する。このように意味構成のそれぞれの階梯は、相互に、循環的に生成する。

　「私の人生は無意味だ」。これは生活全体の意味構成である。「二人の関係はどうしようもない」。これは関係性の意味構成である。「昨日もひどい言い合いをした」。これは出来事定義。「あの人の言い方は攻撃的だ」。これは行為への意味構成である。これらの意味の構造の各階梯は、他の階梯

図IV-5　重層的な意味の構造と力学

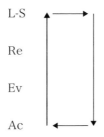

に影響を及ぼし、相互に生成する。つまり何処かの階梯が差異化されるとそれは全体へと波及する。そして、この力学が繰り返されると、それはパターン化し、意味構成ないしは他者の行為のもの化の規則となる。これはクロネンたちの Coordinated manegement of meanings（CMM）である。

　行為（Act）は Ac、出来事（Event は Ev、および関係性（Relationship）は Re、そして生活全体（Life script）は L-S と略記号で表示する。

5）多層的階梯の行為と重層的な意味の構造

　トラッキングシークエンスの要素である、いずれも重層的な行為と意味構成のシークエンスを示してみよう。行為は Ve と NVe との階梯と AHMO で X によって送信され、受け手 Y により、既存の出来事（Ev）、および関係性（Re）の意味構成法と結びついている行為 Ac の意味規則により、伝達された行為全体（Ve ＋ NVe ＋ OGHM）が意味づけられる。その作業は、行為（Ac）、出来事（Ev）、および関係性（Re）、そして生活全体（L-S）の意味構成法に影響を及ぼす。これらの揺らいだ重層的意味群を文脈にして、Y は Ve、NVe そして OGHM 情報を X に送信する。

図Ⅳ-6　行為と意味の重層性とそれらの生成力学

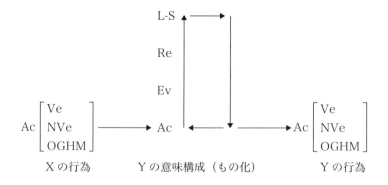

X と Y は構成員、ここでの行為は意味構成された
ものを含む情報伝達行為である。図Ⅲ-3 を見よ。

6) 行為選択と意味構成そしてそれらの規則の連鎖

規則は行為や意味構成生成の文脈的な力である。ただし、それらは、「私」の選択的な行為選択や意味構成作業のパターン化によって生起するがゆえ、常に差異化される可能性を有する。行為や意味構成の差異化は規則の差異化として作動する。

図IV-7　トラッキング場面での情報伝達行為と意味構成、そしてそれらの規則の差異化の力学

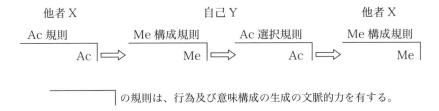

7) 生成的社会システムの定義法
i 揺らぐ社会システム

行為は Ve と NVe そして OGHN を要素とし、それぞれの要素は差異の集合体である。また意味構成法は重層的で、それは差異を産出する可能性を有する体系である。この行為選択と意味構成は連続して動き、一方の差異生成は他の差異化につながる。これらのシークエンスも常に差異を産出する可能性を有する。それらも結び付いているがゆえ、一つのシークエンスの差異化は、他のシークエンスの差異化に波及する。単一の行為や意味構成の差異化とそれらのシークエンス群の差異化は連動する。

行為や意味構成およびそれらのシークエンスの常同的かつ持続的な遂行を支える文脈は相互に結び付く一連の規則である。ただし、行為や意味構成、そしてそれらのシークエンスは生成的で、それゆえ規則においても常に差異化が展開する。すなわち、規則を文脈とする行為や意味構成の束である社会システムは揺らぐシステムである。

ⅱ　生成的社会システム評定のための規則概念

　ある体験は、さまざまな形で顕在化させることが可能である。それは、特有の形で制御され、構成されて具体的な現実となる。例えば、最も単純な「おはよう」というメッセージを送られた受け手が、「「おはよう」は「今日も仲よくしよう」という意味を持つ」と構成し、その意味構成を文脈にして、「自分も「おはようと返事する」と意味構成と行為選択とを結びつけ、シークエンスを作り、実際に行為を選択するかもしれない。「おはよう」には別建ての意味を付与することもできるだろう。その時、受け手は別建ての行為選択を思い描き、行為を選択するだろう。

　行為選択や意味構成、そしてそれらのシークエンスの構成法を制御するのは規則群である。規則は生成する規則であり、超越的規則は存在しない。それゆえ、これらの規則を文脈とする構成法は真偽判定が困難な構成法である。

　これらの規則群について論じておこう。

　行為や意味構成の規則と、それらの系列の規則をも含む新たな拡大した規則概念を示してみよう。

　まず規則を、トムやクロネンたちに倣って、cR と rR とに区分した上で、シークエンス論を導入し、それらを再構築する。

　cR は Constitutive rule（意味の構成規則）で、重層的な意味の構成の規則である CMM と、行為と意味あるいは意味と行為のシークエンスの水平的な構成を指示する、つまり統制する規則の cRSM（cR governing sequences of meaning constructions）から構成される。

　rR は Regulative rule（行為の制御規則）で、ひと化されたものの送付を伴う単一行為の言語表現および非言語表現についての特定の重層的な構成を制御する規則である rRS（rR governing speech acts）と、行為と行為の水平的シークエンスについて特定の方法での常同的な構成を指示し、制御する制御規則である rRSS（rR governing sequences of speech acts）から構成される。

　単一の行為の制御規則 rRS は、Ve、NVe、そして OGHM の伝達法を構成要素とする重層性を有する行為の制御規則で、一つの意味の制御規則は重層

的な意味群の制御規則である CMM である。

　具体的な出来事を変換して表示するトラッキングシークエンスは、始点と終点が設定された、行為と行為、そして行為と意味構成の連鎖である。このシークエンスは rRSS と cRSM の規則群を文脈にして、制御されて、構成される。これらのシークエンスの規則は、本書で新たに定義した規則概念である。

　行為と行為のシークエンスの構成の制御規則である rRSS について説明してみよう。

　rRSS①　「「私」がある行為を選択すれば、他者は必ず特定の行為を選択するはずだ」というように、「私」の行為と予期される相手の行為間のシークエンスを特定の方法で区切り、常同的に構成する作業を命じる、「私」の行為と予期される他者の行為のシークエンスの構成を制御し、生成する規則。

　rRSS②　「他者がこういう行為を選択すれば、私はこのような行為を選択する」と、予想される他者の行為への「私」の反応のシークエンスを特有の方法で構成する文脈として働く、予想される他者の行為と「私」の反応を構成し、顕在化する行為の制御規則。

　行為と意味構成の制御規則である cRSM は、以下のように区分することができるだろう。

　cRSM①　「「私」がある行為を選択すれば、相手は必ず何々と意味づける」という形で、「私」の行為選択と相手の「私」の行為への意味づけ間のシークエンスを特定の方法で常同的に構成する作業を指示し、制御し、生成する規則。

　cRSM②　「「私」が相手の行為を何々と意味づけるならば、「私」は必ずこのような行為を選択する」という形で、「私」の相手の行為への意味づけと、その後の「私」の行為選択間のシークエンスの特有の構成法を制御し、シークエンスを生成する規則。

　cRSM③　「相手がこのような行為を遂行すれば、その後私はそれを何々と見なす」というように、相手の行為と「私」のその行為への意味構成間のシークエンスの特有の構成法を制御し、顕在化する規則。

cRSM④ 「相手は「私」の行為を何々と意味づければ、相手は常に特有の反応をする」という形で、相手の「私」の行為への意味構成と相手の行為選択間のシークエンス構成法を制御し、生成する規則。

これらの規則群は以下の様に整理できる。

表IV-1　行為、意味構成、そしてそれらの連鎖の規則群

単一のAcおよびMeの統制規則	Ac　rRS Me　CMM
シークエンスの統制規則	AcとAc　rRSS①～② AcとMe　cRSM①～④

rRS+rRSS①～②=rR　　CMM+cRSM①～④=cRである。
行為はActでAcと表記、意味構成はMeaning construction、Meと表記する。

rRSとCMMと共に生活場面を持続させる先行的力であるこれらのシークエンスの規則群の相互生成力学を、以下の様に図示することができるだろう。

図IV-8　行為と行為のシークエンス規則の相互生成

rRSS①　　　⟶　　　rRSS②
(SAc → OAc)　⟵　　(OAc → SAc)

Sは主体、Oは他者である。

上記図IV-8に依拠し、最初に行為間のシークエンス規則rRSSの相互生成力学と構造を記述してみよう。これは、「私がこうやれば相手はいつもこう反応する」(rRSS①)、「相手がこう反応するならば、私が選択する行為はこれである」(rRSS②)という、行為と行為間のシークエンスの規則間の循環的な相互生成力学を説明する図式である。

図IV-9　行為と意味構成および、意味構成と行為のシークエンスの規則の相互生成

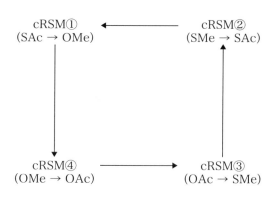

　実際の生活場面では、行為と行為のシークエンスにおいては、潜在的な意味構成の力学が存在する。つまり、SAc → OAc は、(SAc → OMe) → (OMe → OAc) である。

　意味と行為あるいは行為と意味のシークエンスの規則の循環的な相互生成力学と構造は以下である。「私」が行為を遂行すると相手はそれに対して、固有の意味を付与し（cRSM①）、相手はその意味構成を文脈にして、特定の行為を選択し（cRSM④）、この相手の行為選択に対して「私」は特有の意味を付与し（cRSM③）、「私」はその意味構成を文脈に固有の行為を遂行する（cRSM②）。図IV-9を見よ。

iii　生成する社会システムの評定枠

　これら一連のトラッキングのシークエンシャルな構成規則は、トラッキングシークエンスの行為と行為、行為と意味生成とを結び付け、社会システムを生成あるいは安定化する力として作用する。逆に、行為と意味構成の変化は、それらの規則の変化を作り出す。

　そして、行為および意味構成は差異の複合体であり、それゆえそれらの規則 rRS と CMM も常に揺らぐ。行為と意味構成も同様である。

　トラッキングの過程は変化を内包し、その集合体である社会システムは

生成するシステムである。

　以下の「三軸からの評定の実際」において、上記表Ⅳ-1および図Ⅳ-8と図Ⅳ-9を基にして、規則と行為および意味構成との関連、つまり社会システムの基本的な構造と生成力学を図示してみよう。それは、行為と意味の制御規則（rRSとCMM）と、意味構成の連鎖の制御規則（cRSM）、そして、行為の連鎖の制御規則（rRSM）と、AcとMeの連鎖とを組み合わせて、エコマップで表示されるエコシステムを理論的に再構成した、生成する社会システム評定の一般的理論の枠組みの使用例である。

　トラッキングシークエンスの連鎖構成の制御規則（rRSSとcRSM）、および行為と意味（AcとMe）の連鎖過程、そしてAcとMe構成の制御規則（rRSとCMM）の三軸を組み合わせたこの枠組みを用いて、さまざまな評定が試みられる。この枠組みは一般化された評定の理論枠である。

3. 三軸からなる評定の一般理論

1）評定の三軸について

　トラッキングシークエンスの構成の制御規則（rRSSとcRSM）および、行為と意味の構成の制御規則（rRSとCMM）は、行為や意味構成、そしてそれらの連鎖を統制し、生成する文脈である。

　規則群は、単一の行為や意味の生成を制御する規則rRSおよびCMM軸と、それらのシークエンスの構成を制御するrRSSとcRSM軸の二軸に区分される。

　行為や意味構成のシークエンスは具体的な変化の軸である。それらの差異化により、二つの軸の規則群には差異化が開始する。規則自体は、行為選択や意味構成についての語りから、間接的に推測される抽象的な概念であり、それに対して直接差異化を試みることは、無理である。差異化は、具体的な行為と意味構成から開始する。

　ある行為や意味構成あるいはそれらのシークエンスを差異化するならば、それらの構成の制御文脈であるいずれかの規則の差異化が開始し。また、

ある規則の変化は他の規則の変化に波及する。

2) 一般理論の一般とは

rRS および CMM 軸とシークエンスの構成を制御する rRSS と cRSM 軸の規則についての二軸と、行為 Ac と意味構成 Me 軸とを組み合わせ、同型的に一連の出来事の生成あるいはその停止を説明するという意味で、本書の評定理論は一般的である。Ac と Me そしてそれらのシークエンスはさまざまな形で動く。単一の行為選択および意味構成規則とシークエンス規則の二軸は Ac や Me を産出する文脈的な力を持つ。反対に、Ac や Me の差異化は、規則群の差異化につながる。つまり、三軸はシステムの生成を説明する基軸である。それはさまざまな社会システムの動きを同型的に説明する力を有する、一般化された評定枠である。この一般理論の枠組みを用いた評定は以下の図Ⅳ-10 からⅣ-13 で図示される。

ただし、この評定図は、クライアントの解決行為の内部生成ないし自らの産出を支援するための枠組みで、評定の枠組みは変容方法を導出する力を持ち合わせてはいない。このクライアントの内部生成的、自己生成的な変容力を強化するべく立案されたのが、以下で示す評定の一般理論である。これを問題状況の解剖論と比喩的に表現することもできるだろう。

4. 三軸からの評定の実際

1) 評定の一般的な理論に依拠する問題生成構造とその力学の評定

評定の一般的な理論を土台にして、シークエンスのローデータへのクライアントの評定1と、その評定についての支援者の評定2について示してみよう。以下、クライアントが構成する出来事のシークエンスをトラッキングシークエンスと名付け、クライアントのトラッキングシークエンスへの支援者の語り直しで生成する出来事をシークエンスと呼ぶ。トラッキングシークエンスの強い対象化がクライアントの評定1で、強い対象化への支援者の語りが評定2である。

Yはクライアントである子ども。Zはシステム構成員。Tは支援者。この事例は仮想事例である。

ⅰ　クライアントの弱い対象化による訴えのトラッキングシークエンス1への変換

まず、RCQでトラッキング1が開始する。これは図Ⅲ-7の訴えの弱い対象化、および図Ⅳ-1の③の作業である。

Y1　「学校に行きたくないです」
T2　「行きたくない。もう少し聞いてもいいですか」

Tは、訴えのトラッキングへの変換を試みる（図Ⅳ-1の③）。これは弱い対象化で生起するトラッキングシークエンス1である。

Y3　「学校で、Zがいつも意地悪をする」
T4　「意地悪とはどんなことか聞いても良いですか」
Y5　「僕が、Zが遊んでいるところに行くとZに臭いと言われる」

ここでの行為連鎖は、YがZのところに行く（Ac1）、すると臭いと言われる（ZAc2）、と続く。

T6　「Zが遊んでいるところに行く、そうしたら臭いと言われる」
T7　「その時どうする？」
Y8　「一人で遊ぶ」

これはYの行為Ac3。ここで、対象化が弱いトラッキングシークエンス1のAc1→ZAc2→YAc3が生成する。

ⅱ　支援者のシークエンス1の構成

これは、トラッキングシークエンス1へのクライアントの強い対象化1

（図Ⅳ-1の④）で生起するトラッキングシークエンス2、すなわち評定1への、支援者の評定2（図Ⅳ-1の⑤）、すなわちシークエンス1の再構成である。

 T9 「遊ぼうとZ君のところに行く、すると臭いと言われ、一人で遊ぶことになるのですか」

　これは、クライアントに対してトラッキングシークエンス1への強い対象化（図Ⅲ-7）を支援する技法で、図Ⅳ-1の④の「クライアントの評定1」を促すDCQである。この対象化を強い対象化1とする。

 Y10 「はい、Z君のそばに行くと、臭いと言われることが多く、仕方がないのでひとりで遊びます」

　これはクライアントのトラッキングシークエンス1への強い対象化1で生じるトラッキングシークエンス2、つまり評定1で、図Ⅳ-1の④の評定1の作業である。
　Y10で表示されたクライアントの評定1に、支援者の評定2を加えてみよう。Yの問題生成のトラッキングシークエンス1へのリフレクション、つまり、図Ⅳ-1の④で生じたトラッキングシークエンスは、以下である。それは、近寄る（YAc1）→ 臭いと言われる（ZAc2）→ 一人で遊ぶ（YAc3）のシークエンスである。これは、クライアントのトラッキングシークエンス1へのリフレクション（図Ⅳ-1の④）である評定1で、強い対象化1（図Ⅲ-7）で生起した、トラッキングシークエンス2である。
　この対象化され生起した、行為群のトラッキングシークエンス2の背後に、支援者は図Ⅳ-10が示す、一連の規則群の働きを想定することができるだろう。
　支援者の立場から、図Ⅳ-10を基にYの問題生成の記述を語り直してみよう（評定2）。ここでは、問題出来事が、Yの、制御規則rRSS①（S1）を文脈として、「近寄れば（YAc1（S1））、臭いと言われる（ZAc2（S1））」と

図Ⅳ-10　シークエンス1：トラッキングシークエンス2の構造と力学

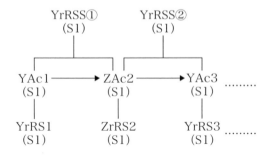

　Yはクライアント、Zは他者の表示である。
　S1はシークエンス1の表記である。Ac1 (S1)、Ac2 (S1)、Ac3 (S1) のAcの数字1、2、3は、(S1) での生成の順位を示す。YrRSS①(S1)およびYrRSS②(S1)は、(S1) での行為間のシークエンスの統制規則rRSSの類型①、②を表す。
　これらの規則類型は、表Ⅳ-1、あるいは上記図Ⅳ-8を見よ。YrRS1 (S1)、ZrRS2 (S1) およびYrRS3 (S1) の1、2、3は、S1での生成の順位を示す。

構成され、さらに、rRSS② (S1) を文脈として、「臭いと言われたら (ZAc2 (S1))、一人で遊ぶ (YAc3 (S1))」とシークエンスが語られ、顕在化する。終点では、一人で遊ぶ行為を構成するYrRS3 (S1) も作動する。
　これらの諸規則は、構造化されていて、Yの行為、意味構成軸の展開を制御し、浮上させる、文脈的力として働く。

ⅲ　支援者のシークエンス2の構成

これは、クライアントのトラッキングシークエンス2への強い対象化2 (図Ⅳ-1の④) で生起したトラッキングシークエンス3 (評定1) に対しての、支援者のシークエンス作り (図Ⅳ-1の⑤、評定2) である。

　　T11　「Zに臭いと言われた時どんな気持ちになる」

　この問いかけは、クライアントの、トラッキングシークンス1への強い対象化1を文脈として生成した、トラッキングシークエンス2に対してのさらなるリフレクション (これを強い対象化2とする) を支援し、より

詳しい問題生成力学の浮上を試みる DCQ である（図IV-1の④）。それは、「臭いと言われる（ZAc2（S1））」についての独自の差異化された意味構成を浮上させ、さらに、その生成文脈である CMM3 および cRSM③の規則を顕在化させる問いかけである。表IV-1 を参照にせよ。図IV-10 においては、ZAc2 への意味構成 Me とその統制規則の CMM は浮上してはいないが、それらは、YAc3（S1）の差異化の文脈として潜在的には存在する。

Y12 「ちゃんとお風呂にも入っていて、臭いとは思わない。臭いと言って欲しくない」、「ひどい言い方をして欲しくない」

最初のクライアント Y のトラッキングシークエンス 1 の再構成は、「近寄る（YAc1（S1））」→「臭いと言われる（ZAc2（S1））」→「一人で遊ぶ（YAc3（S1））」であった。これは、クライアントのトラッキングシークエンス 1 での問題生成力学の評定（評定 1）である（図IV-1の④）。

上記の Y12 は、クライアントの問題場面の力学の新たな評定（図IV-1の④）である。この評定 1 に評定を加えてみよう（評定 2、図IV-1の⑤）。T11 を引き金とする強い対象化 2 によって、新たに生成するクライアントのトラッキングシークエンス 3 は、「近寄る（YAc1（S1））」→「臭いと言われる（ZAc2（S1））」→「臭いとは思わない（YMe3（S2））」→「一人で遊ぶ（YAc4（S1））」である。太文字（**YMe3（S2）**）が新たな生成要素である。**YMe3（S2）**が、潜在的な **YCMM3（S2）** および、**YcRSM③（S2）** を文脈として生成する。また、反対に、**YMe3（S2）** はそれらの規則の顕在化そして安定化の力として作動する。これはクライアントの強い対象化 2、図IV-1の④が生起させた構造と力学である。一連の規則を含めて、このクライアントが生成したトラッキングシークエンス 3 全体を、三軸から構成される評定の一般理論の枠組の図IV-11 に変換して、それに依拠してシークエンスの力学を評定（評定 2）してみよう。これは図IV-1の⑤、支援者の評定 2 である。

シークエンス 2 において、「臭いとは思わない（**YMe3（S2）**）」が浮上する。この構成文脈は **YCMM3（S2）**。「臭いと言われる（ZAc2）」→「臭いと

図IV-11　シークエンス2：トラッキングシークエンス3の構造と力学

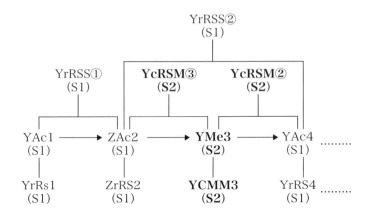

YrRSS①等、シークエンスの規則の数字は類型である。
太字は新たな行為や意味構成、そしてそれらの規則の表示法で、S2はシークエンスSの2の表示である。図IV-10のYAc3 (S1) は、この図ではYAc4 (S1) と表記。

は思わない（YMe3（S2））」の生成文脈は、YcRSM③（S2）である。

　ここで浮上するシークエンス2での、「臭いとは思わない（YMe3（S2））」→「一人で遊ぶ（YAc4（S1））」のシークエンスの規則はYcRSM②（S2）である。これはYMe3（S2）が生起しても、既存の訴えられる出来事を持続させるシークエンス規則である。

　YAc4（S1）の生成文脈はYrRS4（S1）である。

　シークエンス全体での変化が生じない、「臭いと言われる」→「一人で遊ぶ」の行為群の連鎖を構成し、浮上させる文脈は、YrRSS②(S1) である。

　　T13　「お風呂にも入っていて、臭いはずはない。だったら言ってほしくないと思うのですか」

　T13は、強い対象化2で生起したトラッキングシークエンス3への強い対象化3を支援するDCQである。これは、トラッキングシークエンス4の生成を試みる問いかけである。

Y14 「そうです。臭くもないのに、臭いなんて、ひどい言いがかりです」

　これは、生成させた新たなトラッキングシークエンス3へのクライアントの強い対象化3で、図Ⅳ-1の④の評定1である。この事例では、DCQおよび強い対象化1（評定）を文脈的力として生起した、トラッキングシークエンス2をさらに対象化（強い対象化2）し、それを文脈として生まれた、トラッキングシークエンス3に強い対象化3を加えて、トラッキングシークエンス4を生成させるという力学で、クライアントは複数のトラッキングシークエンスを生成する。

　　ⅳ　支援者のシークエンス3の構成
　これはクライアントのトラッキングシークエンス3への強い対象化3（図Ⅳ-1の④）で生起したトラッキングシークエンス4への、支援者の評定（図Ⅳ-1の⑤）である。DCQでトラッキングシークエンス3の再構成が試みられる。

T15 「臭いと言われた時のことを思い出してみようか」

　T15は、クライアントの問題生成のトラッキングシークエンス3へのリフレクションを支援するDCQである（図Ⅴ-1の④）。

Y16 「臭くないと言おうと思ったことはある」
T17 「思ったことはあるのですか」
Y18 「うん。友達に言いふらしているので、臭くないと言いたかった。でも怖いので言えなかった。それで一人で遊ぶ」
T19 「臭くないと言おうとしたが、言えなかったのですか」

　これは、クライアントの、強い対象化2を文脈的力として生起した、トラッキングシークエンス3への強い対象化3を促し、さらなるトラッキン

グシークエンス4の記述（図Ⅳ-1の④）を支援するDCQである。

Y20 「そうです。臭いと言われて、何とか言い返そうとしたのですが、目の前にいるとどうしても言えませんでした。悔しかったです」

Y20は、クライアントによる新たな問題場面の力学評定、つまり図Ⅳ-1の④、評定1である。Y20の評定2を論じてみよう。

T19のDCQを媒介にして、問題生成の強い対象化3で、Yはトラッキングのシークエンス4を生成する（図Ⅳ-1④）。つまり、新たに、「臭いと言われる（ZAc2（S1））」→「臭いとは思わない（YMe3（S2））」→「臭くないと言おうとするが言えない（YAc4（S3））」→「一人で遊ぶ（YAc5（S1））」という問題生成の力学を述べる。

「臭くないと言おうとするが言えない」（YAc4（S3））が、トラッキングシークエンス4で表示された問題の中心、評定1（図Ⅳ-1④）である。

新たな、「臭いとは思わない（YMe3（S2））」→「臭くないと言おうとするが言えない（YAc4（S3））」と展開するトラッキングシークエンス4の生成文脈はYcRSM②（S3）である。ここでは言おうとするYAc4（S3）が生起する。「言おうとするが言えない（YAc4（S3））」の生成文脈は、YrRS4（S3）である。

トラッキングシークエンス3への強い対象化3を文脈として現れた行為（YAc4（S3））と、行為の生成文脈である規則（YrRS4（S3））および（YcRSM②（S3））に、強い対象化2を文脈として生成した、トラッキングシークエンス3のYMe3（S2）と、その規則であるYcRSM③（S2）、およびYCMM3（S2）を加えると、全体では、以下の図Ⅳ-12での行為や意味構成および、規則群が描きだされる。

このシークエンス3全体の問題生成力学を、三軸から構成される評定の一般理論の枠組の図Ⅳ-12に変換し、それを基に、体系的に評定（評定2）を試みてみよう（図Ⅳ-1の⑤）。

まずYAc1（S1）からYAc5（S1）までのシークエンスを評定してみよう。

Yにとっては、問題の中心は、「臭くないと言おうとするが、言えない

図IV-12　シークエンス3：トラッキングシークエンス4の構造と力学

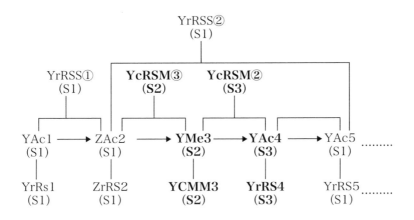

図IV-11では、YAc4は「1人で遊ぶ」であるが、この図では、YAc4 (S3) は「言おうとするが言えず」で、「一人で遊ぶ」はYAc5 (S1) である。YAc4 (S3) →YAc5 (S1) はYの連続した行為で、Zの行為がそこには入らないので、トランズアクションのシークエンスの分類はなされていない。YAc5 (S1) は図V-10のYAc3 (S1) と同じである。

(YAc4 (S3))」で、「一人で遊ぶ」(YAc5 (S1)) である。ここでは、「言いたい」という気持ちは強い、しかし「言えない」(YAc4 (S3)) と、解決行為の生成は不十分である。

クライアントは、トラッキングシークエンス2で、強い対象化1によって、「近寄る (YAc1 (S1))」→「臭いと言われる (ZAc2 (S1))」→「一人で遊ぶ (YAc3 (S1))」の動きを顕在化させた。

それに続き、クライアントは、強い対象化1を文脈的力として生成した、トラッキングシーエンス2への強い対象化2を試みた。そこから生成したトラッキングシークエンス3は、近寄る (YAc1 (S1)) → 臭いと言われる (ZAc (S1)) → 臭いとは思わない (YMe3 (S2)) → 一人で遊ぶ (YAc4 (S1)) であった。支援者はそれを変換し、図IV-11のシークエンス2とした。

この強い対象化2を文脈として生起したクライアントのトラッキングシークエンス3へさらなる強い対象化3が支援され、連続した強い対象化によって、クライアントは「臭いと言われる (ZAc2 (S1))」→「臭いとは思

わない（YMe3（S2））」→「臭くないと言おうとするが言えない（YAc4（S3））」→「一人で遊ぶ（YAc5（S1））」のトラッキングシークエンス4を生成した。「臭くないと言おうとするが言えない（YAc4（S3））」が、クライアントの中心的な問題定義であった（図IV-1の④）。これが、クライアントYの問題生成についての語り、つまり評定（評定1）への評定（評定2）である。

規則を含めた、クライアントの強い対象化3を文脈として現れるトラッキングシークエンス4（評定1）は、図IV-12の三軸を下敷きにして支援者の立場から以下のように要約される（評定2）。

この問題持続シークエンス3の生成文脈として作動していたのは、以下の構成規則群である。

その一つはYrRSS①で、それは、「遊んでいるところに行く（YAc1（S1））」と「臭いと言われる（ZAc2（S1））」を構成し、顕在化する文脈である。

二つ目の構成文脈はYcRSM③（S2）で、それは、「臭いと言われる（ZAc2（S1））」→「臭いとは思わない（YMe3（S2））生成の文脈である。YMe3（S2）の生成文脈はCMM3（S2）である。

三つ目の構成し、顕在化する文脈はYcRSM②（S3）である。それは、「臭いとは思わない（YMe3（S2））」→「臭くないと言おうとするがZが怖くて言えない（YAc4（S3））」の生成文脈である。ここでは言おうとする変化が生起する。しかし、言えない。ここでの行為選択規則はrRS4（S3）である。

全体としては、「臭いと言われる（Zac2（S1））」と「一人で遊ぶ（YAc5（S1））」と、rRSS②（S1）が、依然として問題持続の文脈的力として作動する。

このシークエンス3の構成要素である行為や意味構成のいずれかが差異化すれば、恐怖的な関係性維持の方法と出来事の構成文脈は変質する。

ここでは、「臭くない」と言おうとして、差異が生成しようとするが、Zが怖くて「言えず（YAc4（S3））」、「一人で遊ぶ（YAc5（S1））」が選択される。

ここまでのトラッキングシークエンスへの一連のリフレクションは、問題生成の構造と力学の対象化、そしてその理解、つまり評定を目指すリフレクション（図IV-1の④）である。

以下で、変化生成を試みるリフレクションについて述べて見よう。

v 支援者のシークエンス4の構成

これは、クライアントの問題解決法の生成（図Ⅳ-1の⑥）から開始する変容の作業の評定である。

この段階での評定は、問題解決法の生成（図Ⅳ-1の⑥）とその解決力へのクライアントのリフレクション（図Ⅳ-1の⑦、評定1）および、クライアントの評定1への支援者の評定（図Ⅳ-1の⑧、評定2）、そして、それを実践した後の変化へのリフレクションによるクライアントの評定（図Ⅳ-1の⑩、評定1）、そして支援者の評定（図Ⅳ-1の⑪、評定2）である。

以下では図Ⅳ-1の⑥から図Ⅳ-1の⑧までを説明する。

支援者は、T21で、図Ⅳ-12の評定枠を手掛かりにして、クライアントYの問題生成過程の訴えのシークエンスのなかで、ZAc2（S1）の後の解決意欲を表示する、「臭くないと言いたかった」に着目し、RCQを用いて、図Ⅳ-12の「言おうとするが言えない」YAc4（S3）の差異化を試みる（図Ⅳ-1の⑥）。

T21 「負けずに臭くないと言おうと思うことまではできた。もし言えるようになったらどうなるだろうか」

これは、新たなYAc5（S4）を含む、問題が解決された出来事の生成の想起を支援するRCQ（解決志向では、ミラクルの想起の質問法）である。図Ⅳ-1では支援者が差異生成を試みる⑥である。

Y22 「言い返すことができれば、相手からいろいろ文句を言われても、怖くならない。遊ぼうと言える」

ここでYは解決法を生成する（図Ⅳ-1の⑥）。支援者は、生成した変化を具現化するべく、T23で、DCQを用い、クライアントが産出した解決行為「言い返す」YAc4（S4）の遂行後に予想される事態へのリフレクション

をクライアントに促す（図Ⅳ-1の⑦）。

- T23 「言い返えすことができるならば、遊ぼうと言えるようになる？」
- Y24 「はい、はっきり言えば、Z君はびっくりして、それ以上臭いとは言わないような気がします」
- T25 「はっきりと言い返せたとします。するとZ君はびっくりして、それ以上は、臭いと言わなくなる」

これはDCQを用いた、生起するであろう解決行為が作り出す結果へのリフレクションへの支援作業（図Ⅳ-1の⑦）である。

- Y26 「はい、臭いは言いがかりなので、臭くないのだから、臭くないと言います。頑張ります。はっきり言えば、何も言ってこないと思います」

支援者は以下のT27で、一層の「解決行為」「はっきり言う」の明確化を試みる（図Ⅳ-1の⑥）。これはRCQである。

- T27 「頑張って臭くないと言う。どんな言い方をすれば、力が出るだろうか」
- Y28 「前の日に、お父さんと言い方を考え、練習します。練習すれば負けない。平気で遊べると思います」

ここで、**YAc4（S4）**（図Ⅳ-13）は内実が具体化される（図Ⅳ-1の⑥）。そして、T29で、Yは、DCQによって、負けない言い方を実行した場面へのリフレクションを支援される（図Ⅳ-1の⑦）。

- T29 「お父さんと言い方を考え、練習をすれば、怖がらず、言い返せる。そして平気で遊べる」

Y30　「はい練習すれば、言い返すことができ、怖くならないと思います。平気で一緒にあそべると思います」

　Y30 でクライアントは解決法の解決力と、それの問題場面への投入後に予想される変化を語り、評定する。このYの具体的な解決法の生成（Y28、これは図Ⅳ-1の⑥）、リフレクションによる、その解決力の確信（Y30、図Ⅳ-1の⑦）までの過程を図Ⅳ-13として体系化して、それを基に過程の力学を説明してみよう。これは支援者の評定2（図Ⅳ-1の⑧）である。

　Yは、図Ⅳ-12が示す、強い対象化3で生起したトラッキングシークエンス4である、Y「Zのところに行く（YAc1（S1））」、Z「臭いと言う（ZAc2（S1））」、Y「臭いとは思わない（YMe3（S2））」、Y「臭くないと言おうとするが、言えず（YAc4（S3））」、「一人で遊ぶ（YAc5（S1））」の、「臭くないと言おうとしたが、言えなかった（YAc4（S3））をリフレクトした（Y20で、技法はDCQ）。さらに、図Ⅳ-13が示すように、RCQを変化の力にして、「臭くないと言い返す（YAc4（S4））」という解決行為と、その言い方を浮上さ

図Ⅳ-13　シークエンス4：問題解決の構造と力学

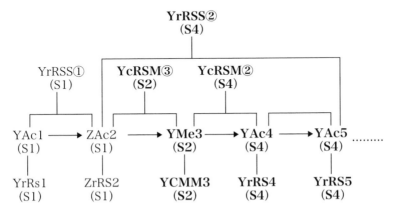

図Ⅳ-12での「臭くないと言おうとするが、言えない（YAc4（S3））」は、ここでは「父親と言い方を相談し、臭くないと言い返す（YAc4（S4））」に変化する。YrRS4（S3）も YrRS4（S4）に変化する。

せ、その実行の結果（YAc5（S4））を予測した（Y28。図Ⅳ-1の⑥）。Tは T29のDCQで、その行為とそれが作り出す結果（YAc5（S4））、Y28「練習 すれば負けない。平気で遊べる」のシークエンスへのリフレクションを支 援し、その解決力への吟味を促した。そしてY30で、Yは問題の解決を予 想する（図Ⅳ-1の⑦）。

　生成が開始したのは、意味構成 YMe3（S2）と行為 YAc4（S4）、および YAc5（S4）、そしてそれらの文脈的力としての、YCMM3（S2）、YrRS4（S4）、 YrRS5（S4）、YcRSM③（S2）、YcRSM②（S4）、YrRSS②（S4）である。前 掲図Ⅳ-13を見よ。さらに、A単独の行為連鎖であるのでシークエンスの 記号化は示してはいないが、YAc4（S4）→ YAc5（S4）の連鎖も変化の力 学としてあげられる。YAc5（S4）は、「遊びに加わる」である。あえて記 号化すれば、それは自らの行為選択の連鎖の類型、YrRSS③（S4）である。

2）生成途上の行為と意味構成、そしてそれらの規則

　問題解決力を有するこれらの行為や意味構成の生成文脈である規則群は、 いまだ生成途上である。

　それらが、安定するためには、臭くないと言い返す（YAc4（S4））が実 際の生活場面に投入されなければならない。規則は行為や意味構成の生成 文脈であるが、それらは流動的であり、行為や意味構成の実践で安定化す る。一つの行為や意味構成を差異化して、既存の規則群に変わる新たな規 則群を作り出す作業を問題解決の有効な実践と見なすことができるだろう。

3）シークエンスの一般的枠組みが指し示す変容点

　行為と意味構成の軸と、規則の二軸である、rRSとCMM、およびrRSSと cRSMが相互に強化しあって、トラッキングシークエンス1の問題は持続 していた。この一連の強化変数から構成される問題維持の構造と力学から、 「父親と言い方を相談し、臭くないと言い返す YAc4（S4）」を産出するこ とで、上記図Ⅳ-13が示す問題解決の構造と力学が生起する。

　図Ⅳ-10のトラッキングシークエンス2の構造と力学の説明を見直すならば、 差異化が可能な対象は、ZAc2（S1）→ YAc3（S1）の過程以外、YAc1（S1）、

ZAc2（S1）と複数存在する。支援者が、それらへのクライアントの自己差異化への支援技術を持ち合わせているならば、複数の方法での問題の変容が可能である。つまり、ここでの問題の解決法は、複数で多様である。支援者は、この問題解決法の多様性を図IV-10、11、12、13で読み取ることができるだろう。子どもがもう学校に行きたくないと伝えたことによる家族の苦悩に対し、このように、行為と意味構成、そして規則群の枠組みを使用し、評定を試みることで、最小の手段で、複数の具体的な変化を生成する道筋が開けることを強調しておきたい。

4）ひとのもの化ともののひと化

この事例は、ひとのトランズアクション過程の対象化、つまり、ひとのもの化の力学の評定には言及しているが、もののひと化には触れていない。このもののひと化の力学の評定は、V章で、図V-4「問題解決過程の一般理論：解決の局面」に基づく事例分析、3. の4）「同型的な変化の力学」において論じられる。

次に、評定に続き、技法の使用法を中心に、変容論を述べてみよう。

V

変容方法

V 変容方法

1. 変容技法群

1) クライアントの訴えを励ます方法

　訴えで伝えられる、これまで問題解決を試みてきたクライアントの努力は最大限評価されなければならないし、また解決意欲の高さも同様である。この視点から、支援者は訴えに対して、非言語的にあるいは言語的に肯定的な評価を伝達する。これはコンプリメントである。

　他方、訴えは否定的な現実構成についての話であるが、それは、肯定的な要素（行為や意味構成、そしてその集合体である出来事）を排除して生成するストーリーである。言い換えると、訴えは、潜在的な問題解決法を内包しているストーリーであると定義できるだろう。支援者には、訴えに対してコンプリメントするだけではなく、問題解決は、この潜在的な解決行為の顕在化の作業であるので、訴えが有するこの潜在的な解決行為を見出す能力が求められる。

2) 問いかけ法について

　クライアントの訴えを因果論的に捉え、「何か思い当たることは」と問いただし、原因を探求し、それの除去を試みる支援法がしばしば採用される。本書での循環問いかけ法は、原因除去を試みる因果論に依拠した支援法とは対極的な支援技法である。本書では、第三者が確認可能な原因という前提を観念論として廃棄し、それに代わって理論的土台に差異論を採用する。問題場面は、差異の生成が停止した、常同的な行為や意味構成とそれらの生成文脈である規則群が、問題を持続させる力として働く場つまり、社会システムと見なされる。問題場面への支援方法は差異生成の主体である「私」に対して、差異（解決法）の浮上を支援する方法である。それ

が問いかけ法である。ある問題の出来事が訴えられると、「少し具体的にお伺いしてもよいでしょうか」と問いかける。クライアントが同意すると、「最初に何がありました」と問いかけ、クライアントが何々と応えたならば、続けて「それから」などと問い、訴えを行為と意味構成のシークエンスに変える。これは弱い対象化である。そして、クライアントに「この出来事を振り返ってどんな感じですか」と問いかけ、対象化を求める。これは問題生成力学の強い対象化を支援する問いかけDCQである。さらに、対象化された問題生成の力学が、RCQを媒介にして、差異化される。

3）循環的問いかけ法

循環的問いかけ法(Circular questions)は、トムが考案した、対象へのリフレクションを促し、差異生成を支援する技法である。問いかけにより、クライアントは対象への再記述、つまり差異化を開始する。循環は、支援者の問いかけとクライアントの差異化の循環性と、システムの循環的力学を意味する。支援者とクライアント間の循環的交流で、システムの循環的力学の差異化を図るのが、循環的問いかけ法と言えよう。循環的問いかけ法は、DCQ (Descriptive circular questions) とRCQ (Reflexive circular questions) とに区分される。DCQは差異化された対象を記述する問いかけ法で、RCQはリフレクションで差異化を意図した問いかけ法である。ただし、本書では、いずれの技法も対象への考察（リフレクション）を促すリフレクションの技法

図Ⅴ-1　問いかけ法の分類とその用法

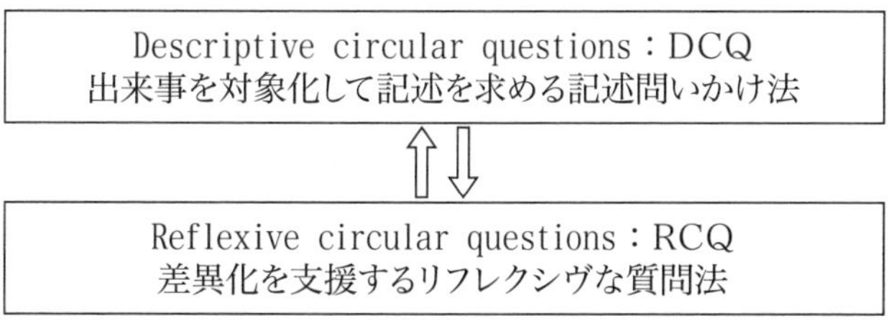

```
┌─────────────────────────────────────────┐
│   Descriptive circular questions：DCQ   │
│   出来事を対象化して記述を求める記述問いかけ法   │
└─────────────────────────────────────────┘
              ⇑ ⇓
┌─────────────────────────────────────────┐
│   Reflexive circular questions：RCQ     │
│   差異化を支援するリフレクシヴな質問法         │
└─────────────────────────────────────────┘
```

RCQで生じた差異はDCQでリフレクトされ、具現化される。さらに、具現化された差異を含むシークエンスに対して、RCQで新たな差異化が試みられ、それらの使用は循環する。

とみなす。リフレクションにより対象が差異化される。

　本来の定義では、「例外事象の探索」、「出来事の肯定的な意味への変換」、「ミラクルの想定」、そして「スケイリング」などの解決志向の技法は、トムの循環的問いかけ法とは別の技法群であるが、それらも差異生成のためのリフレクションを促す技法群であり、問いかけでそれらの技法を使用するならば、RCQと見なされる。本書では、もともとの循環的問いかけ法のRCQにそれらを加え、新たな質問法の体系を提示した。

　また、問いかけ法によって、クライアントは訴えをトラッキングに変換し、あるいは問題の解決法を対象化して、それをリフレクトして、対象と区分される「私」を立ち上げる。この「私」はクライアントの現実構成の最上位の力として働く。トムには「私」論は存在しない。

4）変化の内部生成を促す問いかけ技法

　問いかけ法は、問題発生の真なる原因探求を断念し、クライアントの「私」の立場から、言い換えると内部からの行為や意味、そしてそれらの規則の差異化を支援する、非指示的な技法である。DCQは、クライアントが生成した差異へのリフレクションを支援するがゆえ、非指示的な技法である。RCQは、一方ではトラッキングの地平作りに使用される。クライアントは、解決法を自ら産出しなければならない。支援者はクライアントの問題を上位の立場から解読することはできないからである。トラッキングの作業は、クアイアントの停止した差異生成活動の活性化を支援する、言い換えると問題解決を自己産出するための地平作りの支援法である。その地平でいかに出来事シークエンスを構成するのかは、クライアント自らの生成にゆだねられる。それゆえ変化の地平を提示するRCQは、提示するという意味では、指示的な技法であるが、クライアントの主体的な現実構成を支援するという意味においては、非指示的な支援の道具である。RCQは、クライアントに対して、トラッキングシークエンスの要素の差異化に関与し、解決行為の自己産出を支援する指示度が低い技法である。

5）私と対象の生成を促す問いかけ法

問いかけは、クライアントに一般的な他者の立場ではなく、「私」として生活世界の説明を求め、それゆえ「私」と対象とを生成させる、リフレクションを土台とする変化の技法である。

問いかけ法による「私」と現実世界の生成力学を図示してみよう。

図V-2　問いかけ法と、世界構成の語りで現れる「私」と対象世界

質問技法	クライアントの構成作業
RCQ	「私」を生成の力とする対象世界の差異生成作業
⇑	
DCQ	トラッキングデータの対象化による「私」と対象世界での問題持続の様式の出現
⇑	
RCQ	訴えの対象化と構成（トラッキング）

RCQ によりクライアントは訴えをトラッキング形式に構築する。それを DCQ で対象化することで、「私」と対象世界が生成する。さらに、RCQ は生成の主体である「私」の力を借りて、対象化された原生活場面のトラッキングシークエンスの差異化を支援する。訴えは、解決行為というという差異を内包していることを再度強調しておきたい。

2.　変容段階と使用される技法

1）変化の段階

変容の段階は以下の図Ⅴ-3 にあるように⑰の段階から成り立ち、③段階から支援者の変容技法 RCQ が導入される。この変容技法は、差異の生成を支援する技法で、③、⑥、⑨、⑪、⑰の各段階で使用される。RCQ に関しては、変化の地平を提示するという意味で、支援者の指示的な関与度が比較的高いのは、③と⑰のトラッキング枠の設定で、その設定以後はクライアントの自発的な差異生成を支援する問いかけがなされ、これらの技法は指示度が低い問いかけ技法 RCQ である。クライアントは差異化した要素の映像化を DCQ で支援され、差異化された要素を再確認する。これは④、⑦、⑫、⑭の段階である。

図V-3 変化の段階と変容技法

クライアントの変化の作業	変化の段階	支援者の支援作業と技法
差異化作業の開始（トラッキングへの変換）	⑰	RCQ
新たな訴えの生起	⑯	
	⑮	評定1への評定2
段階④と段階⑫の比較吟味（効果の評定1）	⑭	DCQ
	⑬	評定1への評定2
トラッキングデータへのリフレクション（評定1）	⑫	DCQ
投入後のトラッキング	⑪	RCQ
差異化された原生活場面	⑩	
差異化された要素の原生活場面への投入	⑨	RCQ
	⑧	評定1への評定2
差異化された要素の変容力へのリフレクション（評定1）	⑦	DCQ
トラッキングの要素の差異化と解決行為の生成	⑥	RCQ
	⑤	評定1への評定2
変換されたトラッキングが表示する問題の力学の強い対象化と、問題の対象化による変化の文脈作り（評定1）。そしてそれらの語りによる「私」の生成。	④	DCQ
訴えのトラッキングへの変換。弱い対象化	③	RCQ
訴えの強化	②	訴えの励まし、コンプリメント
原生活場面での苦難の体験の訴え	①	

支援者のRCQはトムのオリジナルな定義に加え、解決志向アプローチの「例外事象の探索」、「スケイリング」、「ミラクルの想定」、「出来事の肯定的な評価」も含む。それらは差異化の技法であるからである。支援場面においては、それらは問いかけの方法で使用される。

2) 過程としての問題解決

この①〜⑰の過程は、循環的な問題解決過程である。基本的流れは、訴え → トラッキング → トラッキングの要素の差異化 → 差異化された要素の生活場面への投入である。そして投入後、クライアントは新たな差異化の過程を歩む。問題解決とは、ゴールに達することではなく、クライアントが、そして支援者も後追いして、上記の循環的な過程を歩み続けるという作業である。⑨の問題解決行為や意味構成の投入後には、新たな問題が引き続き生起し（⑯）、差異化の作業が開始する（⑰）。つまり、問題解決とはゴールへの到達ではなく、両者の間での持続的な生成活動である。

図Ⅴ-3「変化の段階と変容技法」は、図Ⅲ-6「支援過程におけるクライアントの言語と支援者の言語」に効果測定を加え、さらに、図Ⅳ-1で示した評定作業をも加えて構成したものである。

図Ⅴ-3の変化の段階の①から⑨は、図Ⅳ-1の①から⑨の段階とパラレルである。前掲図Ⅴ-3では、⑩「差異化された生活場面」、⑪「投入後のトラッキング」、⑫「トラッキングデータへのリフレクション（評定1）」へと続くが、図Ⅳ-1においては、⑩「支援者のDCQを文脈とする、クライアントによるトラッキングで変換された投入後の事態へのリフレクション（評定1）」と続く。

この長々とした変容と支援段階は、以下の図Ⅴ-4のように簡潔に表示することができるだろう。

3. 問題解決の一般理論

1) 問題解決の一般理論の枠組み

図Ⅴ-3の変容段階は、以下のような単純な変化の局面の図に書き換えることができる。図Ⅳ-2「エコマップ」で表示される場面で、以下、Co、Ob、Al、そしてDiと動く、同型的な変化の力学が展開する。まず、クライアントが苦難の体験を訴える。支援者はこの訴えの表現を励ます。これはComplaintのCo局面である。支援者は励ましの後に生成した関係性

を文脈にして、問題の対象化を支援する。これは Objectification、Ob の局面である。対象化された地平に対して、クライアントはリフレクションを求められ、差異の自己産出を試みる。これは目標である問題解決法の顕在化、Actualization であり、Al の局面である。生成した差異は実際の生活場面に投入され、新たな適応が開始する。これは生活場面の再構成、Differentiation の、Di の局面である。以下図Ⅳ-4を見よ。大雑把であるが、これらの局面の、最初の局面は、パーソンズたちの AGIL 理論の L に、次の局面は I に、第3の局面は G に、第4局面は A に対応する。

2) 図Ⅴ-4「問題解決過程の一般理論：解決の局面論」の用法

クライアント自身が、特殊な働きかけがなくとも、独自で解決行為の実践を行うことが多い。しかしながら、クライアントの解決行為はさまざま

図Ⅴ-4 問題解決過程の一般理論：解決の局面論

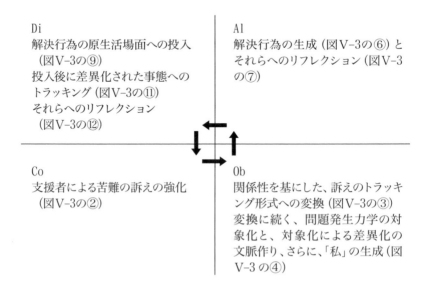

Di
解決行為の原生活場面への投入（図Ⅴ-3の⑨）
投入後に差異化された事態へのトラッキング（図Ⅴ-3の⑪）
それらへのリフレクション（図Ⅴ-3の⑫）

Al
解決行為の生成（図Ⅴ-3の⑥）とそれらへのリフレクション（図Ⅴ-3の⑦）

Co
支援者による苦難の訴えの強化（図Ⅴ-3の②）

Ob
関係性を基にした、訴えのトラッキング形式への変換（図Ⅴ-3の③）
変換に続く、問題発生力学の対象化と、対象化による差異化の文脈作り、さらに、「私」の生成（図Ⅴ-3の④）

図Ⅴ-3の⑤と⑧は支援者の評定段階であるので、この図からは除外している。
図Ⅴ-3の⑫の後に、⑬-⑮を経過して、⑯の「新たな訴え」が生起し、再び、Co、Ob、Al、Di の動きが生じる。

な形で行き詰る。ここで、ケースが生まれる。

　あるクライアントは、Co 局面から、Ob 局面の作業への移行を停止させるかも知れない。トラッキングの作業自体を受け入れない場合は数多く生起するだろう。

　あるいは、Al 局面の作業が、解決行為の生成に結び付かない場合もしばしば出現する。

　さらに産出した解決行為を現実生活へ投入しても、変化を読もうとしない事態も出現するだろう（Di 局面）。

　クライアントの解決作業が首尾よく展開しないのは、どの局面での停滞なのかを整理し、仮に、解決行為の産出（Al）局面が停止したならば、循環的問かけ法を用い、「今までの出来事を振り返ってみましょうか」と例外事象を浮上させる方法が考えられるだろう。出来事群は問題ばかりという構成は無理なことなので、必ず問題の解決を示す出来事は浮上する。もちろん支援者の問いかけ法のスキル次第ではあるが。あるいは、クライアントが Di 局面で、「解決方法の実践には効果がありませんでした」と変化を否定した場合では、問いかけの技法 DCQ を用い、クライアントに効果がない場面のトラッキングシークエンスへのリフレクションを促し、続いてRCQ を用い、そこでの潜在的な解決法を顕在化させる支援法が採用される。

　この現実構成の生成力学を説明する力を図Ⅴ-3 および、図Ⅴ-4 は有する。

　支援法は、ある局面での差異化の停止に対して、そこでの差異化を活性化して、次の局面へとクライアントが現実構成法を動かす作業への支援である。

3）循環する Co、Ob、Al、Di の局面

　クライアントは支援者に苦難を訴え（Co）、支援者の支援で、問題生成場面を対象化し（Ob）、差異化され顕在化した解決行為もしくは意味構成（Al）を原生活場面に投入し、生活場面では変容が開始する（Di）。そして、前掲図Ⅴ-3 での⑭「④と⑫の比較吟味（効果測定）」の後、⑯「新たな問題の生起」が発生して、Co、Ob、Al、Di の局面が展開する。Co から Di は、直線的過程ではなく、循環的過程である。

4）同型的な変化の力学

CoからDiの動きは、クライアント（以下でCLと表記）が単独の場合では、CLの訴え、トラッキング、解決行為の生成、そしてその実行という局面で展開する。家族システムでは、構成員間の訴え、構成員間でのトラッキング過程の構成、解決行為の産出、そしてその実践という、家族システムのCoからDiまでの変容過程が展開する。いずれのシステムレベルにおいても、同型的なCoからDiの問題解決行為が動く。

システムの規模ごとに差異の生成過程を整理し、仮想的な事例を用い、これらの局面の動きを説明してみよう。これらのシステム群それぞれでの変化は、Co→Ob→Al→Diの同型的な変化である。

CL個人に焦点化すると、それは図Ⅴ-4のCo局面での②→Ob局面での③、④→Al局面での⑥、⑦→Di局面での⑨、⑪、⑫の力学で動く。Diの後で、生活場面では新たな問題が発生し（⑯）、CoからDiの同一の過程が展開する。

CLが二者システムも、訴えから（Co）、投入とそのリフレクション（Di）までの過程が、二者の話し合いで生成するがゆえ、解決の手順は図Ⅴ-4で示した手順と同一である。

例えば、生活保護を受給しているが、夫のパチンコ依存のため、生活が困窮していると、まず妻が以下のように訴えたとしよう。この事例では、パチンコは、夫にとって自らを支配するひと化されたものとして働く。ただし、このひと化されたものは、夫に妻の支配に対しての対抗力を付与する。妻は夫をパチンコ狂として対象化し、もの化する。しかしこのもの化は妻を無力化する。そして、もののひと化とひとのもの化を文脈とする対立関係が進行する。CLである、Sは妻、Tは夫である。

Co局面

Co局面は以下である。

S1　「保護費をパチンコですってしまい、生活が成り立たず、もう我慢できない」

これは、CLである妻の「訴え」(図Ⅴ-3の①)、そして図Ⅴ-4のCoである。妻から見るとIP (Identified Patient) である夫は、問題場面を以下のように述べる。

T2　「やめなければと思うが、どうしても欲に勝てずパチンコ屋に足が向き、すってしまう」

夫は、パチンコを、単なるものではなく、争うことができない自らを支配する力の保持者 (OGHM) とひと化する。そしてパチンコの力を借り、支配的妻に対抗する。「自分はやめようと思う。でも、できない。咎めるならば、勝てる方法を教えてほしい」。これがTの妻Sへの潜在的な言い分である。妻はパチンコに支配されている夫の行為を対象化し、もの化し、いかんともしがたいパチンコ狂いと意味づけダウンポジションに置く。ここでは、単なるな金属の塊が、夫には、対立的な関係で優位に立つための固有の自他形成や行為選択を強化する、ひと化されたものとして働く。妻は、パチンコというひと化されたものを伴う夫の行為全体を、パチンコ狂いと類型化して、もの化する。そして、優位に立とうとする。いったんこのように、もののひと化とひとのもの化のメカニズムを媒介とした自他構成法が構成員間で規則化されると、それは事態を生成する先行的力として働く。このもののひと化と、出来事の対象化、つまり、もの化の力学は、図Ⅲ-3「構成員間でのもののひと化と人のもの化」で示した。

支援者であるKは、妻Sに向かい、

K3　「なるほど、せっかく得た収入が浪費されると、我慢できないですね」
K4　(夫Tに対して)「奥さんはずいぶん立腹なさっています。でもあなたにはあなたの言い分があると思いますが」

これらは、夫妻の訴えの生成を支援する「訴えの励まし」(図V-3の②)である。

> T5 「妻の言う通りです。我慢しようとするのですが、でも我慢できなくて。非難されるとよけいに行きたくなります」

0b 局面
それに続いて、0b 局面が開始する。

> K6 (Sに対して)「一番立腹された出来事をおたずねしても良いでしょうか」
> S7 「昨日も夕方夫がそわそわしているので、今日も行くのだなと思っていると、黙って出かけようとしたので、「どこに行くの。またパチンコ」と咎めると、夫は、「うるさい。行って何が悪い」と玄関を開け、出ようとしたので、私は止めさせようとして、閉めました。すると夫は「何をするんだ」と大声を出したので、私は「あんたのせいで、必要なお金が無い」と言い返しました。それでも夫はパチンコに行ってしまったのです」

これはSのトラッキング(図V-3の③、あるいは図V-4の0b)である。

> K8 「そわそわして、パチンコに黙って出かけようとした。それを注意すると、何が悪いと言い、出かけようとしたので、それを止めると言い合いになった。そうですかね」
> S9 「はい、パチンコに行きたくなったら、他人への迷惑考えず、強引に行こうとします。私が何を言っても無駄です。私は止める方法が解らず、困っています」

K8のDCQによって、Sはトラッキングに変換された出来事を対象化し(強い対象化、もの化)、夫の行為を制御できない強引な行為と構成し、自らの行為を

無力と見なす自他定義を表出する（図Ⅴ-3の④および図Ⅴ-4の0b）。言い換えると、ダウンポジション下の夫は、パチンコで妻に対して優位に立てる。問題は夫のパチンコ依存症ではなく、決着がつかない権力争いである。以下でこの争いを停止させる支援が試みられる。

A1 局面

Kは対象化されたトラッキングシークエンスを文脈にして、「出来事の肯定的評価」、および「例外事象の探索法」で、実現目標である解決法を浮上させる（図Ⅴ-3の⑥、図Ⅴ-4のAI）。

例外事象の探索法についてトムは言及していないが、それは、それまでの問題解決の不可能という構成から、クライアントが解決法を差異化して取り出す、一種の差異化の技法、RCQである。

K10　（Tに対して）「我慢しようと努力されているけれど、我慢できない。我慢できたことはまったく無いのですか」

ここで「出来事の肯定的評価」と「例外事象の探索法」とが併用される。

T11　「そうですね、一度、パチンコに行こうとしたとき、妻が、たまたま一緒に買い物に行かないかと呼びかけ、その日はなぜか行きたいという強い気持ちが起きませんでした」

「パチンコに行こうとした」とき、妻が、「一緒に買い物に行かないか」と呼びかけた。すると、パチンコに行きたいという気持ちが起きなかった。これは夫が浮上させた解決行為である。妻の側からは、自分が「買い物に行こう」というメッセージを伝えるだけで、問題は解決し、夫は妻から「買い物に行こう」という言葉かけが出現したならば誘惑に勝てると、夫が浮上させた妻の解決行為「買い物に行こう」を引き金として、二人のそれぞれには、連続した問題解決のシークエンスの構成が生起し始める。そして他者支配のメカニズムも停止し始める。そのようなシークエンシャルな問題

解決法の構成は、支援者のDCQを媒介として、妻の側からは、rRSS①として、夫の側からは、rRSS②として規則化される。

K12　「呼びかけられただけで、パチンコに行きたいという衝動が収まった。Sの呼びかけはパチンコをしたいという気持ちを打ち消すと思われるのですか」

このTへの問いかけは、差異化された要素、つまり、問題解決行為とその規則へのリフレクション（評定1）（図Ⅴ-3の⑦あるいは、図Ⅴ-4のA1）を支援する、DCQである。

T13　「はい、その時は尋ねるような言い方だったので、行く気がなくなりました」

このK12でのDCQは、Tに対しての、浮上させた「尋ねるような言い方で（NVe）、呼びかけられた（Ve）ならば、パチンコをする気持ちがなくなる」という、妻が潜在的に有していたシークエンシャルな問題解決の力学へのリフレクションを支援する質問法である。リフレクションにより、浮上した解決法が映像化し、具体化して、「咎められる感じを与えない呼びかけで、行く気がなくなる」という問題解決のシークエンスの規則rRSS②の生成が開始する。

さらにSに対して、Kは次のように尋ねる

K14　「Tさんは尋ねるような言い方のあなたの呼びかけで、パチンコに行く気持ちはなくなる。あなたはこのご自分の呼びかけをどう思われますか」

これは、妻Sに対して、Tが生成させた、彼女の解決行為の対象化（図Ⅴ-3の⑦）を支援するDCQで、ここでは、妻に対して、Veレベル、そし

てNVeレベルでの解決行為へのリフレクションが図られ、その強化が試みられている。ここで生成する規則は、**rRS**である。またこのDCQは、尋ねるようにダウンポジションから呼びかければ、パチンコに行かないというシークエンスの浮上を図り、そのシークエンシャルな問題解決法の強化を目指す。その規則は**rRSS①**である。

　このような手順で、支援者は、訴えCoから解決策の立案Alまでの過程を支援し、解決策の実践Diにつなげる。

　この実践で、妻はダウンポジションからの解決行為の実践によって変化が構成されるという行為の連鎖規則**rRSS①**を、夫は妻の変化で、自分は解決行為を遂行できるという、妻の行為を先行的な力として、自らの行為を結果とする行為の連鎖規則**rRSS②**を造り出すだろう。この規則は妻の、行為の実践結果、つまり行為の変化を肯定的に意味づける規則CMMの生成とも結びつく。また、夫も結果としての自らの行為の意味を肯定的に構成する新たなCMMを生成するだろう。それらの規則が安定化するならば、それらは夫の問題行為を変化させる文脈として働くだろう。トランズアクション場面での行為と意味構成の変容ないしはそれらの規則の変容の力学の説明は、図Ⅳ-10「シークエンス1：トラッキングシークエンス2の構造と力学」から図Ⅳ-13「シークエンス4：問題解決の構造と力学」を見よ。

　パチンコは、それまでの二人の対立関係において優位に立つべく、夫に取り入れられるものであり、そこでは固有のもののひと化の力学（OGHM）が作動する。そしてその規則は、妻の出来事を対象化、もの化する先行的文脈として働く。前掲図Ⅲ-3を見よ。夫はパチンコに行くという行為を選択する。それは、ものであるパチンコ玉が自らを誘惑し、支配する強い力を有していて（OGHM）、自分はその力に対抗できないと妻に表示し、妻に勝てる方法の提示を求める、妻の攻撃に対抗する行為でもある。妻はOGHMを含む夫の行為全体や夫自身を対象化し、パチンコ狂いなどの意味を付与し、もの化して、アップポジションに立とうとする。ところが、この優位に立つ戦術であるもの化は自らを無力化する。仮に、夫にとって、対処できないパチンコの誘惑力という、ものに付与された人的な意味が、差異化されるならば、そしてその作業に妻が貢献するならば、それは、夫

は支配されつつ支配する、妻は支配しつつ支配されるという、二人それぞれの硬化している対立増幅的な自他構成を差異化する力として働くであろう。それゆえ、ここでの支援は、妻の解決行為を浮上させ、夫のものへの人的意味附与の力学を変化させて、決着がつかない権力闘争という夫婦間のトランズアクションの力学を差異化し、対立的な関係性の解決を図る戦略を取った。

　害になるパチンコを強制的に禁止するという、問題解決のために、もの的条件の強い統制を志向する支援論と、ここでのもののひと化ひとのもの化の力学を念頭に置く支援論とを比較して欲しい。

4. ミクロシステムの変化からマクロシステムの変化へ

1）システム、サブシステムそれぞれにおける同型的変化

　家族のサブシステム、例えば、夫婦サブシステムの変化過程を図Ⅳ-4の $Co \rightarrow Ob \rightarrow Al \rightarrow Di$ の過程として説明することができる。家族システム全体においても、複数のサブシステム間でのコミュニケーション過程において、それぞれの解決行為の生成、そしてそれらの実践という、同型的な問題の解決手順が展開する。家族システムの変化は、子どもの学校での友人関係や教員との新たな関係を作り出すだろう。この力学も $Co - Ob - Al - Di$ である。これらの全体システムでの問題解決も、同じく、$Co \rightarrow Ob \rightarrow Al \rightarrow Di$ の局面で展開する。

2）同型的変容論に依拠したミクロからマクロシステムへの支援の拡大法

　トラッキングシークエンスの差異化がエコシステム全体に至る過程を略述してみよう。
　まず、全体の布置をエコマップで表示する（図Ⅴ-5）。
　上記家族システムはＶ、Ｗ、Ｘ、Ｙを要素にして構成されている。
　Ａ、Ｂ、Ｃ、Ｄはそれぞれが、背景のシステムである。
　要素、Ｖ、Ｗ、Ｘ、Ｙの構造が家族システムである。ある家族内のサブシ

図Ⅴ-5　支援対象の全体的布置図としてのエコシステム

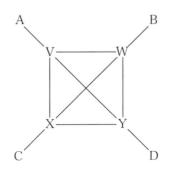

ステム、例えばＶ－Ｗでの出来事の要素である行為や意味構成の差異化が試みられ、それをＶ－Ｗサブシステム全体に波及させ、他のサブシステム群、Ｖ－Ｘ、Ｗ－Ｙ、Ｖ－Ｙ、Ｘ－Ｙ、Ｗ－Ｘの力学を差異化し、家族システム全体の、そして背景システムとの変化を作り出すというのが、ミクロからマクロシステムの変容手続きである。

　CLをＶとＷと仮定しよう。

①　Ｖの出来事 1 での解決行為の生成

　Ｖは、Ｗとの関係下において、対立増幅を訴え（Co 局面）、RCQ を文脈に、その出来事を行為と意味構成の連鎖で表記する（Ob 局面）。さらに、RCQ でＶはその構成要素のいずれかの差異化を開始し、差異化する（Al 局面）。

②　Ｗの解決行為の浮上

　変化した、Ｖの行為選択や意味構成は、Ｗの行為選択や意味構成の差異化の力として働く。ＷはRCQ でこの変化の生成を支援される。ここでも、図Ⅴ-4のCo、Ob、Alの局面が展開する。

③　ＶとＷの解決行為の実践

　①と②で生成した解決行為を、ＶとＷは実践する。

④　ＶとＷ間での変化についての話し合い

　構成員間において、それぞれが産出した解決行為の実践結果が話し合われ、構成員たちは自ら作り出した解決法がもたらした変化を確認する。これはDi。

⑤ 解決行為の他の出来事への波及

VとW間での一つの出来事変化、つまり両者の行為選択や意味構成の送受信の変化は、RCQおよびDCQを先行的力として、他の出来事の変化に波及する。それらの出来事においても、支援によってCo、Ob、Al、Di局面の変化が展開する。そしてサブシステムV－W全体が変化する。

⑥ サブシステム群への変化の拡大

VとWから構成される一つのサブシステムの変化は、V－X、V－Y、W－X、W－Y等一連のサブシステムの差異化の力として作動する。これらのそれぞれのサブシステムでの、問題解決の局面もCo、Ob、Al、Di、である。

⑦ 家族システム全体の変化

これらのサブシステム群の変化は相互的である。この相互的変化を通して、家族システムは動く。

⑧ エコシステム全体への変化の波及

家族システムの変化は他の一連のシステム群の差異化の力となって働く。子どもの登校は担当教員の行為や意味構成の変化の力となり、クラスのトランズアクションの力学の変化を生み出すだろう。

3) 効果測定

二人が生成した、解決行為の実践（上記2）の③）は、トラッキングに変換され、その効果が評定される（図Ⅴ-3の⑫）。さらに、CLたちのこの効果の評定は、リフレクトされた訴えのトラッキングデータ（図Ⅴ-3の④）と比較され、効果測定がなされる（図Ⅴ-3の⑭）。効果測定はⅦ章「効果測定」で論じられる。

VI

支援図を用いた訴えの解決方法の実際

VI 支援図を用いた訴えの解決方法の実際

1. 評定と変容

1) 評定の説明軸

　支援者は、クライアントの問題発生の過程と、その変化の見通しの語り、つまり評定1を、特殊な用語を用いて、説明し直す。つまり、支援者は、エコマップでおよその問題発生のマクロな状況を描き出し、具体的な問題生成場面とその変化の可能性を、前掲図Ⅳ-10からⅣ-13で例示したトラッキングシークエンスの評定枠を基に、重層的な構造体である行為と意味構成、そしてそれらの規則の差異化の視点から説明する。これは支援者の評定2である。cRSMおよびrRSSは、前者は行為と意味を変数とする、後者は行為と行為を変数とする、シークエンシャルな水平的な現実構成を制御する規則群である。このシークエンスを構成する、重層的な行為選択や意味構成の生成には、rRS、およびCMMが作動する。すなわち、社会システムは、これら水平的および垂直的な規則を文脈として、制御されて、生成する。

2) 支援活動の説明軸

　支援者は図Ⅳ-2「エコマップ」によって、クライアントの訴えの全体的布置を掴み、図Ⅳ-3「トラッキングの表記法」で、エコマップの構成要素に対してトラッキングを構成する。その時用いられる評定枠は、図Ⅳ-10からⅣ-13で例示した枠組みである。さらに、図Ⅴ-4「問題解決の一般理論：解決の局面」によって、変化の過程を見通しつつ、クライアント（以下CLと表記）が独自に生成しつつある問題解決法を具体化させるために、図Ⅴ-1「問いかけ法の分類」で記述した変容技法を、図Ⅴ-3「変化の段階と変容技法」で示した、変化の段階ごとに選択する。

2. 支援の実際

1）訴えの励まし（図V-4のCo局面）

　訴えは、解決の意欲を表明するCLの話である。さらに、それは潜在的に、支援者が思いもつかない解決法を内包する話しである。解決の意欲を強化し、潜在的な解決法を顕在化させるために、訴えの表出は励まされなければならない。支援は、関心を示す傾聴やコンプリメントを用いた、訴えの励ましから開始する。これはCo局面である。

CL1　「子どもXは反抗ばかりします。どうすればよいか困っています」

　支援者は、CL（母親そして妻）の訴えの表現を励ます。同時に訴えを基に、問題が生起する背景を描く。これはエコマップである。以下の事例は、仮想された事例である。その全体像はエコマップ（図VI-1）で示される。

図VI-1　仮想事例のエコシステム

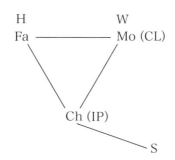

H対Wは夫婦サブシステム（Hは夫でWは妻である）。
Fa対Chは父親と子ども、Mo対Chは母親と子どもサブシステムである。
Sは学校である。IPはIdentified Patient。
表記してはいないが、この他一連の背景システムが存在する。

2）訴えの変換（図V-4のOb局面）

　支援関係を文脈にして、RCQによって、訴えの再構成、図V-3の③、図V-4ではOb局面が開始する。支援者は、エコマップが表示するサブシステム群のなかで、CLが問題と見なし、訴えるサブシステムに焦点を合わせ、サブシステム内での典型的な問題出来事の確認、そしてそれのトラッキングシステムへの変換を支援する。さらに、DCQでこのトラッキングシステムへのリフレクション、つまり強い対象化（図V-3の④）を促す。これらはOb局面での、支援者の問いかけの作業と、それを媒介として生成するクライアントの現実構成作業である。問題解決のためには、このような訴え変換の手続きが必要である。

K2　　「具体的にその場面を聞いてもいいでしょうか」

Kは支援者。

CL3　「今日の朝も、学校に行く時間になって、準備していないので、「ちゃんとしなさい」と言うと、怒って鞄を投げ、「もう行かない」と怒り出し、私も腹を立て大声で、「投げるなんてとんでもない、何をするの」と怒鳴ってしまう。子どもはもう行くのは止めたと、半泣き状態です。そして、部屋に閉じこもります」

　この訴えのトラッキング（図V-3の③）を以下図VI-2のように図示することができる。
　まず、トラッキングデータへの大雑把な評定（評定2）を示しておこう。鞄は子どもにとって大切なものだと、人的な意味を付与され、それを投げることで、怒りの行為の否定性は一層強化される。このMoの意味構成法は行為選択の文脈となり、対立増幅が続く。そして、構成員相互間で、既存のCMM、rRS、さらに一連のシークエンスの構成規則、rRSSおよびcRSMが強化され、それらは問題持続の行為や、他者の行為や他者との関係性の意味構成の生成文脈として作動する。行為と意味構成そしてそれらの規則

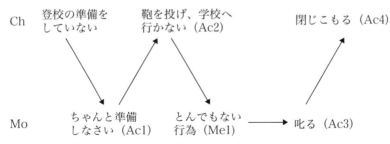

Acは行為、Actの略。Meは意味構成、Meaning constructionの略。

間の力学の説明法については、図Ⅳ-6、ないしは、図Ⅳ-10から図Ⅳ-13を見よ。

K4 「朝、学校に行く時間になる。でもお子さんは準備していない。それでちゃんと準備しなさいと言うと、鞄を投げ、行かないと怒り出す。叱ると、その日は学校へ行かない」

これは、トラッキングへのリフレクションを支援し、強い対象化を働きかけるDCQで、図Ⅴ-3の④である。

この質問法により、母親は自らを、問題を対象化する主体、そして解決者である「私」として生成する（図Ⅴ-3の④）。そこでは、「私」と対象との分化が開始する。「私」の生成で、CLは対象への構成的な立場を獲得し、苦難に流される体験様式の対象化により、差異化の文脈が構成される。

CLの問題解決には真偽の基準は当てはまらず、問題解決はあくまでも「私」が構成する問題解決であることを再度強調しておきたい。

CL5 「はいその通りです。学校に行く時間になる。子どもは準備していないので、私はイラつき、「ちゃんと準備しなさい」と言うと、鞄を投げ、「行かない」と怒り出す。叱ると、泣き声で「もう学校へ行かない」と叫んで、部屋に入り込んでしまいます」

ここでCLによりリフレクションによって確認され、評定されたトラッキングシークエンス（図V-3の④）は、上記エコマップのMo－Ch（母子）サブシステムの一つの問題出来事である。支援者はそれを以下のような行為と意味構成の連鎖として説明し、評定（評定2）することができる。支援者は、母子間の問題を、行為と意味構成（ここでは行為のみ）の連鎖として最小化し、具体化する。

一連のトラッキングシークエンスの構造と力動性の評定枠（その使用例として、図IV-10から図IV-13）を用いて、CLの問題生成の力学の考察とその評定（評定1、CL15）に評定を加えてみよう（支援者の評定2で、図V-3の⑤）。

問題生成の力学は、行為と意味構成と、それらの生成文脈である規則群が相互生成する力学として評定される。

CLは、「子どもは登校の準備をしない」に続けて、rRS（Ve、NVeの規則）を作動させ、「ちゃんと準備しなさい」と発言する（Ac1）。ここでは、準備しない時に準備を命じるrRRS②も作動する。

それに対して子どもは「鞄を投げる」。「ちゃんと準備しなさい」の後に、「鞄を投げる」というシークエンスの構成文脈として、CLの行為連鎖の構成規則rRSS①が働く。「ちゃんと準備しなさい」の後には、子どもにはいくつかの行為が生成したはずである。しかし母親は、rRSS①に制御され、それを文脈として、いくつかの行為群のなかで、「鞄を投げる」を浮上させ、シークエンスを常同的に生成する。

さらに、鞄を投げたら、それを「叱る」と構成する文脈であるCLの行為連鎖の制御規則rRSS②が作動する。鞄を投げた後で、CLが選択した行為は複数であっただろう。しかし、CLは、「叱る」を選択するべき行為として顕在化させる。ここでの行為のシークエンスの構成を制御する規則はrRSS②である。

また、投げる行為を「とんでもない行為」とCMMに依拠して意味づけ、もの化する。そしてrRSを作動させ、叱るという、言語的、非言語的な情報を伝達する。

子どもは鞄を投げ、投げた行為がとんでもないという意味とシークエンシャルに結びつけられる。ここでの規則は、シークエンスの生成を制御する規則 cRSM ③である。目の前に、鞄が投げられたとしても、その行為は多義的な意味を有するし、その過程には複雑な意味構成や行為選択が介在しただろう。しかし、CL は、cRSM ③規則に制御され、鞄が投げられたならば、それをとんでもない行為として意味づけ、シークエンスを単純に、一義的に構成する。この一義的な意味づけは叱るの先行的力として働く。ここでの規則は cRSM ②である。
　この「準備をしない」から「叱る」までのシークエンシャルな過程に続いて、子どもは、部屋に閉じこもると CL は構成する。CL の、「(準備しないので) ちゃんと準備しなさい」と言えば、「いつも部屋にこもる」という出来事のシークエンス全体の構成を制御するのは rRSS ①である。
　これらの水平的なシークエンスの制御規則と、垂直的な一つの行為の制御規則（rRS）や意味の制御規則（CMM）とが結びつき、CL である Mo の常同的行為選択や意味構成が持続する。これらの規則群は、新たな母子間での問題を増幅するトランズアクションを持続させる強い構成文脈として働く。
　これらの矛盾増幅行為や意味構成の文脈として作用する規則は相互に結びついているので、一つの規則の変化は他の規則群への変化へと波及し、システム全体の行為や意味構成の連鎖の差異化が開始する。逆に、規則の変化は、行為や意味構成の差異化によって生じる。子どもを CL と見なし、子どもに問いかけるならば、彼の現実構成を制御する文脈である、水平的規則群である rRSS、cRSM と、垂直的規則である rRS および、CMM が浮上する。それらは母親の構成とは異なる。支援場面においては、現実は CL が構成する現実であることを強調しておきたい。

3）解決行為の生成とそれらへのリフレクション（Al 局面）

　前掲の図Ⅴ-4 の Ob 局面である、図Ⅴ-3 の③～④の段階に続いて、差異化の働きかけである RCQ によって（図Ⅴ-3 の⑥）、図Ⅴ-4 の Al 局面が開始し、解決行為あるいは、意味構成の自己生成が開始する。

支援者はスケイリングの技法を用い、CL が語る問題の差異化を試み、解決行為の生成を目指す（図Ⅴ-3 の⑥）。スケイリングはトムの質問法の区分には含まれないが、それは差異生成の技法なので、RCQ に加えた。

K6 　「なるほど、怒って鞄を投げた。それをとんでもない行為だと感じて、それで大声で叱った。叱りたくもなりますよね。お子さんが鞄を投げた。それで大声で叱った。そして事態は余計ひどくなった。今振り返ると、その方法の解決力はどれくらいでした」

支援者は、「大声で叱った？」と問いかけ、大声で叱った行為へのリフレクションを促す（DCQ、図Ⅴ-3 の④）。さらに、新たな解決行為の生成を目指し、その解決力を問う。これは「スケイリング」（RCQ、図Ⅴ-3 の⑥）の技法である。

CL7 　「余計子どもを反抗させてしまいました。大声で、「ちゃんとしなさい」と言わずに、「何か忘れていない。もういちど振り返ってみようか」と聞けば良かったと思います」

ここで、Mo の「ちゃんと準備しなさい」（Ac1）の差異化が開始する。非言語的階梯が、「大声を出さずに」へと変化し、また、言語の伝達内容も、「ちゃんと準備しなさい」から、「何か忘れていない。もういちど振り返ってみようかと聞いてみる」へと変化する。この言語内容の変化は、伝達方法のアップポジションからダウンポジションへの変化（これは非言語的階梯）を伴う。そして、新たな解決行為（Ac1）が生起する。これは図Ⅴ-3 の⑥の段階である。ここで、Mo には新たな rRS の生成が開始する。

K8 　「そのように対処されるとどうなるでしょうか」

ここでは、「そのように対処」と、差異化された解決法へのリフレクションを問いかけるメッセージ（DCQ、図Ⅴ-3 の⑦）に続く、「対処すると

どうなる」という、未来の出来事の差異化を試みる問いかけで（これも DCQ、図Ⅴ-3の⑦)、問題解決につながる行為シークエンスの規則である rRSS ①の顕在化の文脈作りが試みられている。

CL9 「適当に振り返るでしょう」

K8の問いかけによって、対処することで、「適当に振り返る」が生起すると、CLには、行為実践をある結果と結びつけ構成する、差異化された行為間のシークエンスの構成規則が生成し始める。また、新たな行為「聞く」の制御規則の顕在化が開始する。つまり、rRSS ①と rRS との生成が始まる。

K10 「その時どのような気持ちになるでしょうか。また、どうされますか」

これは、「振り返り」の後で、「その時はどうされます？」と、子どもの反応に対しての解決行為を作り出す、シークエンシャルな解決法の生成、そしてその解決法の汎化、安定化、すなわち rRSS ②の規則化を支援する質問である。また、それは同時に具体的な解決行為とその規則 rRS の生成を目指し、問いかけるメッセージである。この行為とそのシークエンスの規則の差異生成を試みる問いかけは、図Ⅴ-3の⑥の RCQ である。さらに、CL7で示される、差異化された Ac1 の「大きな声を出さず (NVe)」、「何か忘れていない。もういちど振り返ってみようか」(Ve) を先行的な文脈とする、この K10 の「どのような気持ち」によって、新たな子どもの行為への意味構成の産出が試みられる（規則は cRSM ③）。

CL11 「適当でも、振り返っただけ進歩だと見ます。そして振り返ったことを、ちゃんと準備を振り返った。びっくりしたと声掛けします」

CL である Mo は、「振り返っただけ進歩だと見ます」と意味づけ（**Me1**）、解決力を有する意味構成が浮上する。そこでは、新たな CMM の生成が開始し、また cRSM ③の生成も開始する。つまり、行為、「振り返る」を進歩だと意味づける規則 CMM と、先行する現れた相手の行為「振り返る」に対して、「進歩だとみる」固有の意味づけを行う、シークエンスの制御規則 **cRSM ③** の生成が開始する。これらの規則の生成に続いて、「進歩だとみる」意味構成法および、意味構成につながる、「びっくりした」（**Ac3**）という行為選択法（**cRSM ②**）も生成していく。さらに、そこでは、「ちゃんと準備を振り返った。びっくりしたと声掛けします」という行為（**Ac3**）を CL は産出し、rRS が生成する。また、そこでは行為「振り返る」と行為「びっくりした」という声掛けのシークエンスの構成を制御する新たな **rRSS ②** の生成が始まる。

　これらは、大声を出さずに、「何か忘れていない。もういちど振り返ってみようか」（**Ac1**）に続く、解決力を有する意味構成と行為、そして、それらのシークエンスの規則である。

　CL の考案された解決行為と、その実践の予測（図Ⅴ-3の⑦）をトラッキングで表示してみよう。

　ここで生成した解決法は、聞く行為（下記図では **Ac1**）を選択し、適当に振り返る（**Ac2**）行為を肯定的に意味づけ（**Me1**）、それを文脈にして「びっ

図Ⅵ-3　解決行為とその意味構成の考案とその実践の予測のトラッキング

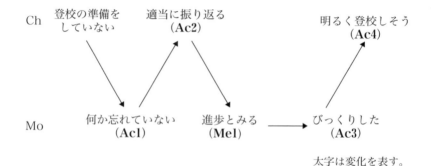

太字は変化を表す。

くりした」(Ac3) というメッセージを伝達するシークエンスである。ここでは、新たな行為 Ac1「何か忘れていない」の出現を先行的文脈にして、対立持続の文脈であった、母親の命令的、処罰的な行為規則 rRS には差異化が開始する。また、進歩と見る (Me1) の生成で、子どもの行為に肯定的な意味を付与する意味制御規則 (CMM) の生成が開始する。さらに、「適当に振り返る (Ac2)」が生起した後、それを「進歩と見る (Me1)」のシークエンスは、生起した子どもの行為を新たに意味づける時系列の構成方法で、そこでは、新たな cRSM ③の生成が開始する。そして「進歩とみる」を文脈として、「びっくりした」が生起する。これは、cRSM ②。「びっくりした」の生成規則は rRS。さらに、Mo の新たな行為 Ac1「何か忘れていない」は Ac4「明るく登校しそう」の生成と結びつけられて、シークエンス全体では rRSS ①の生成が始まる。すなわちこの「登校の準備をしていない」から「登校しそう」(これはトラッキングの原データには含まれていない) までの単純なシークエンスにおいては、対立を持続させる規則群に変わる、潜在的であった新たな規則群の顕在化が開始している。そして、それらは結びつき新たな行為や意味構成の文脈的な力となる。この行為と意味構成、そしてそれらの規則の構造と力学を分析する手法を、図Ⅳ-10「トラッキングシークエンス 2 の構造と力学」から、図Ⅳ-13「問題解決の構造と力学」において示した。

4) 解決行為や意味構成の現実への投入 (Di 局面)

聞く行為 (前掲図では Ac1)、子どもの行為への肯定的意味構成 (Me1) と、それらに続く、「びっくりした」(Ac3) という、解決行為 Ac1 および Ac3 や、意味構成 Me1 は、原生活場面に投入され、受肉化されて、新たな差異生成の力として作動する。解決法の語りを、原生活場面で行為として実践することで、CL は、その日常生活場面における伝達方法を創出し変化を作り出す。日常での用法を持ち合わせていない解決の語りは、空虚な語りである。ただし、投入後の生活場面の差異化を直接知ることはできない。それは加工されたトラッキング形式でしか知ることはできない。

5）新たな Co 局面の開始

しかしながら、母親のそれらの行為や意味構成の実践は、新たな解決課題を生み出すだろう。そして、母親には、再び、Co、Ob、Al、Di の過程が開始する。

6）夫婦（H、W）サブシステムの変容

同席した夫に妻のこのような対処法（図Ⅴ-3の⑦）についての感想を述べてもらうことで、親子システムの問題解決力の強化が開始する。ここで CL は W/Mo 単独から、W/Mo と H/Fa の複数へと変化する。

K12 （夫 H に）「今の（妻の）考えをどう思われました」

これは、妻が差異化した要素へのリフレクションを支援する、DCQ、図Ⅴ-3の⑦である。

H13 「そんなに大変だと気付いていませんでした。でも今の方法は大変
　　　上手な方法だと思います」
K14 「例えばどんな点ですか」

K14 で、さらに、妻の解決行為へのリフレクションへの支援が試みられる（DCQ、図Ⅴ-3の⑦）。

H15 「子どもが自分で自分のことを考えるように対応しているところ
　　　が」
K16 「もしもその場に居合わせたらどうされます」

K16 で支援者は、夫の解決行為の生成を試みる（RCQ、図Ⅴ-3の⑥）。

H17 「子どもに自分のことができるようになったとほめてやります」

これは父親 Fa の子ども Ch の行為への差異化された意味構成と解決行為である。

3. ミクロシステムの変化の波及力学

1）ミクロシステムの差異の内部生成とマクロシステムへの波及

解決行為や意味構成の生成という微細な差異化がマクロシステムに波及する力学は以下のように要約できる。いずれの規模のシステム変容についても差異化という表現を用いるのは、排除された要素の顕在化を変容として捉えるからである。

上記のミクロからマクロシステムへの変化の波及過程を要約してみよう。

母親のリフレクションで、母子 Mo と Ch 間で、図VI-3 で表示した新たな行為や意味を要素とする出来事が生成する。これは出来事の差異化である。この出来事は、出来事群の差異化の力として作用する。そして、他の潜在的な差異としての出来事の浮上が開始する。これは母 Mo と子 Ch 間のサブシステムの変容である。母子のサブシステムの差異化は、夫婦 H 対 W のサブシステムの差異化の力として作用する。同時にそれは父子 Fa 対 Ch のサブシステムの変化の力となる。つまりサブシステム群の差異化が開始する。そしてシステム全体に動きが始まる。

これらリフレクションで生成した、行為や意味は、原生活場面に投入されなければならない。

このような、リフレクションによる解決行為の生成と、それらの原生活場面への投入、投入後に生じた差異のシステム全体への拡大の流れで、ミクロからマクロシステムまでの変化が、差異化の力学で説明される。言い換えると、変化は潜在的な要素の顕在化つまり差異の浮上から生起する。つまりここでの変容論は差異の内部生成論である。無から有は生成できないというのが変容の視点である。

2) システムの規模ごとの同型的な変容力学

システムの規模ごとに差異の生成過程を整理してみよう。

CL の変化は、Co → Ob → Al → Di の同型的な変化である。Al の後で、母子システム、夫婦サブシステムなどの二者システムにおいても、解決行為が、二者の話し合いで生成するがゆえ、解決の手順は図Ⅴ-3、そして、図Ⅴ-4 で示した手順と基本的には同一である。家族システム全体においても、成員相互間でのコミュニケーション過程においても、同様の解決手順が展開する。家族システムの変化は、子どもの学校での友人関係や教員との新たな関係を作り出すだろう。この力学も Co − Ob − Al − Di である。これらのシステム群での同型的な問題解決の生成は、エコシステム全体の問題解決力の強化過程である。

VII

効果測定

Ⅶ 効果測定

1. 効果測定の主体と効果測定の意味

1)「私」の効果測定
　効果測定は、体験主体である「私」が試みる、「私」の問題解決の作業の結果への、「私」の吟味、および評定作業である。体験主体ではない、第三者の、「私」の問題解決への評定は、たとえそれが洗練された評定法であったとしても、端からの評定であり、それは、「私」の評定には及ばない。

2) 支援者の効果測定
　支援者は固有のジャーゴンを用い、クライアントの効果測定を語り直す。支援者の効果測定は、クライアントの問題解決法の自己産出活動への貢献を目指してなされる、クライアントの効果測定の言い直しであり、二番煎じの効果についての語りである。それは、二番煎じではあるがクライアントの次の問題への解決行為の産出作業(図Ⅴ-3の⑰「差異化作業の開始(トラッキングへの変換)」)に貢献する効果測定である。

3) 差異生成力を有するクライアントの効果測定
　クライアント自らの効果測定は、次の新たな差異生成の力として作動する。図Ⅴ-3の⑭〜⑰を見よ。

2. 変容力学の視点からの効果測定

1) トラッキングの地平で、クライアントが語る訴えの力学
　支援者が提示するトラッキングの地平で、クライアントは変化の停止の

力学、つまり訴えを語り、それを対象化する（図Ⅴ-3の④）。

2）生成した解決行為の原生活場面への投入とそのトラッキング

クライアントは訴えの解決行為を産出し（図Ⅴ-3の⑥）、それを原生活場面に投入する（図Ⅴ-3の⑨）。そして、そこでの変化をトラッキングする（図Ⅴ-3の⑪）。

3）リフレクトされた訴えのトラッキングとリフレクトされた解決行為の投入後のトラッキングの比較

クライアントが、トラッキングへと変換した訴え（図Ⅴ-3の③）へのリフレクション（図Ⅴ-3の④）と、差異投入後のトラッキング（図Ⅴ-3の⑩）データへのリフレクション（図Ⅴ-3の⑫）とを比較する（図Ⅴ-3の⑭）ことで、クライアントは、力学の変化の視点から、効果測定を描くことができる。

3. 効果測定の方法と手順

1）Co局面：励まされる訴えの表現

効果測定作業は、訴えの励ましから開始する（図Ⅴ-3の②）。

2）Ob局面：訴えのトラッキングとそれへのリフレクション

訴えはRCQを文脈として、クライアントによってトラッキングされる（図Ⅴ-3の③）。そして、そのシークエンスはDCQで、リフレクションによって対象化される（図Ⅴ-3の④）。クライアントが対象化し、それを語ることで、問題生成力学が顕在化する。先の「支援の実際」の事例で説明するならば、それは、以下の問題生成過程の対象化である。

子どもは登校の準備をしていない → 母親「ちゃんと準備しなさい」と登校を促す → 子どもは怒って鞄を投げる → 母親はとんでもない行為と見なす → 母親は強く叱る → 子どもは登校を拒否する。この過程への対

象化で問題生成力学が具現化される。

3) Al 局面：解決行為および意味構成の生成

支援者はRCQを用い、対象化された問題の要素への差異化を支援する。ここで、クライアントの解決行為が浮上する（図Ⅴ-3の⑥）。そしてそれはリフレクトされる（図Ⅴ-3の⑦）。

4) Di 局面：解決行為ないし意味構成の問題場面への投入

解決行為および意味づけが問題の出来事へ投入される（(図Ⅴ-3の⑨)。

5) 投入後の事態のトラッキングへの変換

そして、クライアントによって投入後の事態はトラッキングへと変換される（図Ⅴ-3の⑪）。以下のシークエンスが生起したと仮定しよう。子どもは登校の準備をしていない → 母親の解決行為の投入。「何か忘れていない、もういちど振り返ってみようか」と話しかける → 子どもは持ち物を雑に確かめる。実際はいくつか忘れ物がある → 母親は、子どもの不完全な準備を肯定的に意味づける → 母親の解決行為の投入。「ちゃんと準備を振り返った。びっくりした」と声掛けする → 子どもは登校する。

6) トラッキングデータへのリフレクション

そしてDCQによって投入後のトラッキングデータにリフレクションが加えられ、そこでの変化ないしは積み残しの問題が映像化される（図Ⅴ-3の⑫）。

7) 図Ⅴ-3の④と図Ⅴ-3の⑫の比較

DCQによって、クライアントはリフレクトされた問題増幅場面のトラッキングシークエンス1（図Ⅴ-3④）と、リフレクトされた解決行為実践後のトラッキングシークエンス2（図Ⅴ-3⑫）を比較し、違いの考察が支援される。例えば、「お子さんは怒ることなく登校しました。この二つの流れを比較してみましょう。違いは何だったのでしょうか」などと（図

Ⅴ-3の⑭)。

4. クライアントの効果測定への支援者の語り

クライアントが解決作業の明確な有効性を産出し、確認するには、自らが差異化した具体的な行為や意味構成の変容力学の確認が不可欠である。行為や意味構成の変容力の確認を支援するため、トラッキングシークエンスの比較、図Ⅴ-3の⑭の「④と⑫の比較吟味」の方法が採用される。クライアントが図Ⅴ-3の④との比較で効果として確認するのは、クライアントが産出した解決行為「何か忘れていない。もういちど振り返ってみようか（Ac1）」、新たな子どもの行為への意味構成法「ちゃんと準備を振り返った（Me1）」、そして新たなメッセージの伝達行為「ちゃんと準備を振り返った。びっくりした（Ac3）」の、つまり、行為や意味構成、そしてそれらのシークエンスの実行がもたらした事態である。

図Ⅶ-1を用い、クライアントが、対象化されたトラッキングシークエンスの比較で語る効果測定を、支援者の語り方（図Ⅴ-3の⑮）で表現してみよう。クライアントが変容力学を確認する際に、必要に応じて、これらトラッキングシークエンスの図は、クライアントに示され、確認作業を

図Ⅶ-1　解決行為の実践前後のトラッキングシークエンスの比較：効果測定

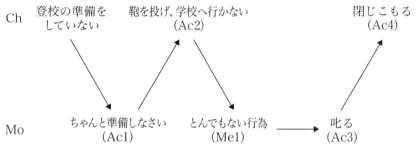

〈対象化された問題増幅場面のトラッキングシークエンス1〉

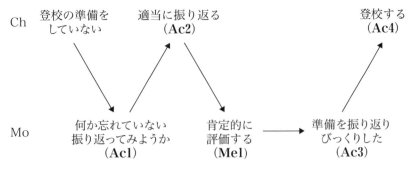

〈対象化された解決行為実践後のトラッキングシークエンス2〉

補強する。

　トラッキングシークエンス2では、「何か忘れていない。振り返ってみようか（Ac1）」の生成が文脈となり、肯定的評価（Me1）を生成し、このMe1を文脈として、「びっくりした（Ac3）が生起する。つまり、そこにおいて、Moは、単一の新たなAc1を引き金として、差異化されたそれらのシークエンスを生成させる。効果測定は、これらの構成単位（AcとMe）とそのシークエンスが有する「登校する（Ac4）」の生成への効果の語りである。

最後に

　本書では、有効だと考えられる評定や変容作業の図表を提示した。既存の支援論の図の多くは、単に行政の諸策の紹介にすぎず、あるいは支援アプローチを示す場合でも、多くの場合は図を支える理論が不在であり、図がお絵かきに留まっているためである。評定や変容の基礎理論を提示した上で、エコシステムの図を軸に、一連の評定、および介入法に役立つと思われる図群を提示した。

　支援は、支援者の問いかけを媒介にして、トラッキングの地平で訴えをトラッキングシークエンスに変え、リフレクトして、その構成要素を差異化して、差異化した構成要素を日常生活の階梯、すなわち原生活場面に投入する、クライアントの自らの問題解決活動への支援である。投入された差異は問題を生成する原生活システム全体の差異化の引き金となる。つまり、原生活システム全体の差異化は、支援者の問いかけを文脈的な力とした、クライアントのミクロなシステムの差異化から開始する。原生活システムは、構成員の活動で、常に揺らぎ、生成する、それゆえ常に問題の解決法を産出するシステムである。

　これらの支援過程の手続きを図示した本書は、七面倒臭い理屈の議論の書ではなく、効果的な支援を意図する実利の書で、言い換えるとクライアントの問題解決作業を支援する道具が入っている道具箱である。

　実践者間で共有されている理論的、実践的な蓄積があるならば、どの地点を考察の地平として設定し、いかなる変容方法を選択するのかの迷いは生じないであろう。ところが、体系立ったそれらの知識群は不在であった。それゆえ本書での理論展開は、おそらく多くの読者には聞きなれない内容だろうという先入観に捕らわれ、理解を求めるための論述のスタートラインをどのレベルに設定するのかについて、しばしば迷いが生じた。あまりにも自明なことを、さも重大なことのように述べたり、あるい

は、聞いたことが無い話が何の説明もなく突然に登場したりする、頓珍漢な箇所を、読者は何カ所も見出すだろう。これは筆者の迷いの表れである。

博学の読者は、支援活動の図の構成が、強くハートマン（Hartman, A.）たちの『家族中心のソーシャルワーク』に影響を受けていることを指摘し、引用文献として明示するべきであると指摘するかもしれない。あるいは、変容技法については、北米のカルガリ学派のトム（Tomm, K.）の循環的問いかけ法を土台としていることに気が付くだろう。またトラッキングの出所は、ワッツラウィック（Watzlawick, P.）たちの語用論ではないか、さらに、中核的基礎概念である差異の強調は、ベイトソンの差異理論の受け売りだと指摘されるだろう。そして、同じく中核的な「私」概念は、後期のウィトゲンシュタイン（Wittgenstein, L.）の思想では、一連の準拠理論を指摘するだろう。さらに、支援局面論では、パーソンズ（Parsons, T.）たちのパーソナリティ発達論である、LIGAを参考にしているとも指摘されるかもしれない。純粋に理論研究を行う研究者からは、これらの出所を明らかにし、つまみ食い的にではなく、異質な理論群から、どのように整合的な支援の基礎理論を組み立てたのかを明示するべきだと批判を受けるだろう。これらの指摘はその通りである。

もちろん、本書での論述は、これら、過去の理論家や臨床家の理論に強く影響されていて、無からの生成ではない。

基礎理論として、社会システムズ理論にベイトソンの差異の概念を入れ込み、またウィトゲンシュタインの「私」論、そして、もののひと化、ひとのもの化論も加えて、「私」による差異化の作業、つまり、もののひと化を伴う現実構成（行為）と、ひとのもの化（意味構成）のシークエンシャルな「私」の作業が展開する過程として、支援対象の基礎理論である生成的な社会システム論を構成した。そして、問いかけ論を中心に、変容法の基礎理論を構成した。それらの基礎理論に依拠して、評定と変容技法、そして効果測定法から構成される実践理論を体系化した。つまり、まず、原因論を廃棄し、「私」による社会システム生成論を提示した。この理論を土台にして、生成的社会システム論であるワッツラウィックたちの『コミュニケーションの語用論』で示された行為のパンクチュエイション論を

トラッキング概念に組み替え、それをクロネンたちの意味の循環的な差異生成論に結びつけて、差異生成の評定法を作った。さらに、北米カルガリ学派の差異生成技法である問いかけ論を導入し、主体的システム変容の技法論の構築を企てた。これらの評定と変容技法は、いずれも、もはや古びた社会構成主義的思想の色合いを帯びた、臨床的な理論を土台にして組み立てられた実践の体系である。また、パーソンズたちのLIGAの枠組みを参考にして、Co、Ob、Ac、Diの問題解決の局面論を体系化した。これらの基礎理論としての生成的社会システム理論、変容基礎論、および評定や変容技法の実践理論の体系の説明は、図群の理論的背景の見通しの悪さを指摘する読者を意識した、弁解めいた理論群のまとめである。

　ただし、実践を重視する読者には、訓詁学的な、それらの体系化の理論的整合性の議論は必要ないだろう。実践理論構成の土台は、「私」論、差異論、システム的社会理論、そして、循環的社会システム生成論、さらに問いかけ論であり、それらを基にして評定論と変容論、そして効果測定論の構成を試み図示したと概略的に読んでいただければ、それで十分である。この図群の評価を決めるのは実践への応用可能性と問題の解決力である。

　本書の目的は、あくまでも社会的生活への支援活動に貢献する力を有する図作りの作業を試みることである。それは、研究論文の作製の作法に従うものではない。それゆえ、記述の過程でいちいち出典を明示しなかった。詳細に出典を表記していくと、評定や変容技法の読解の妨げになると考えたからである。言い訳になるかもしれないが、訓詁学的な記述法を敢えて取らなかったこの理由を受け入れていただきたい。

　筆者なりに、整合性を意図してこれらの理論を組み立て基礎理論の構築を試みた。それを土台にして、一つの実践のアプローチを組み立て、提示し、さらに、図示した。生成的社会システム論と変容論を要素とする基礎理論、基礎理論に依拠した実践理論、そしてそれらの図示を示した点で、今回の著書には独自性が存在すると考える。

　もちろん実践への貢献を意図した、純理論的な研究は、実践理論構築に大きな役割を果たす。それらの作業は筆者の守備範囲を超えていて、手に負えるものではなく、アカデミズムの領域からの実践理論構築への働きかけを期待す

る。支援論においても、そろそろ支援の基礎理論と実践理論という区分が成立してもよいと思うのだが。今回のように両面にわたって論じる作業は結構きつい。

　できるだけ平易に、具体的に、活きる場の問題生成の評定、変容、そして効果測定の図示を試みたつもりであるが、書き終わって、平易さとは程遠い、解りにくい論述になったような気がして、自らの知識の貧困さと、理路の構成力と表現力の弱さに辟易している。活きる場の実践に関わる支援論を、具体的にかつ平易に論じようとするならば、広く深い知識と高い論理的構成力、そして表現力を要することを思い知った。今回の活きる場への支援論の図示は、それらを十分には持ち合わせていない筆者の大それた企てであったのだろうかと反省している。

　本書での、不器用な手作業で、図群を組み合わせ構築した構造物（支援アプローチの体系）は、未だ完成途上である。それにもかかわらず、連絡調整という職務の定義に問題を感じている実践者の方々が、本書に少しでも関心を示し、使用し、さらに新たな構築作業を担っていただけるならば、嬉しい。そして、対人支援の教育、研究に携わるアカデミックな機関の構成員の方々から、本書での支援論についての論法について、厳しい批判が加えられるならば、大変ありがたく思う。

　ごちゃごちゃした変容段階図を整理していただいた、大下由美さんに感謝の気持ちを申し上げたい。加清明子さんの忍耐強く、丁寧な編集作業で、何とか出版にこぎつけることができた。感謝である。

読書案内

　註や引用文献は、図示を中心とする手引きにはふさわしくなく、必要であるとも思えないので、記述を禁欲した。その代わり、少しでも本論の図示の助けになればと考え、読書案内を試み、そこで、本書の図の背景の基礎理論や実践理論の出所を示した。以下の文献の多くは、いずれもはるか昔の蒼古的な哲学、社会理論、そして支援論である。

〈基礎理論〉
　1. 差異論
　差異理論で人の生活場面を説明したのは、あえて示すまでもないが、情報理論の巨人であるベイトソン，G である。差異の説明は情報科学の専門家である西垣通の著書『デジタル・ナルシス　情報科学パイオニアたちの欲望』岩波書店（2018）が解りやすく、また面白い。
　2.「私」論
　現実構成作業においては、他の誰でもない、「私」の作業だという、「私」を背後に置いた構成の構えが必要である。人の現実構成作業は、強い他者が存在している限り揺らぐことがない作業である。しかし、盛者である他者は、必衰であり、その時人の、盛者に支えられた現実構成は行き詰る。人が人になるためには、「私」の生成と、その「私」による独自の構成作業が必要である。つまり「私」は、現実構成力を有する。この「私」は、自らの構成作業をリフレクトすることで生まれる。ウィトゲンシュタインの『確実性』を基に、この「私」の生成と力を論じたのは、鬼界彰夫『ウィトゲンシュタインはこう考えた』講談社現代新書（2003）、第5部「私」と言語。支援論での先駆的な「私」論は、Yamagishi, F. A New Perspective on Helping Principles.」In Oshita, Y. & Kamo, K. (eds.), *Reconstructing Meaningful Life Worlds*. Bloomington:

i-Universe, 2011.

3. 社会システム論

Co、Ob、Al、Di の構成に影響を与えたのは、パーソンズ、ベールズ（橋爪貞雄、ほか訳）『家族：核家族と子どもの社会化』 黎明書房（2001）である。原本は、*Family : Socialization and Interaction Process* で、Routledge より 1956 年に出版された、半世紀以上前の古典である。本書では、AGIL 論を土台にして、精神分析理論を取り入れ体系化した、彼らの均衡論的な社会化の理論 LIGA を、「私」によるリフレクション論と差異理論の導入によって生成論的に組み替えた。

4. 「私」と、社会的な自己および他者と他物の生成論

社会的相互作用過程において、社会的な認識と行為の主体が形成され、さらに他者（ひと）および他物（もの）が社会的なものとして形成される。トランズアクションを通して生成する「として」の主体と、「として」の他者・他物（本書ではもの）という、二つの「として」の相関的な力学から世界の産出の構造と力学を論じたのは廣松渉である。本書では、この二つの相関する「として」の過程の差異化を問題解決の力学と見なし、その差異化の生成主体として「私」を設定した。「私」は自己と、他者および他物を対象化し、構成する「私」である。問いかけ技法は、自らと、他者ないしは他物間でのトランズアクションが展開する状況を対象化する力を有する「私」の存在を前提とする技法である。廣松氏が存命中ならば、存在するのは社会的な主体で、こんな「私」などどこにもないと一笑に付すだろうが、問いかけ法で、差異化に不可欠なリフレクションを支援するためには、リフレクションの主体である「私」の設定を必要とする。「私」は、実在の有無とは無関係の、プラグマティッな目的で導入される概念である。廣松渉の、何々として構成される認識主体、他者、他物の説明は、小林敏明『廣松 渉―近代の超克』講談社（2007）、特に第二章、マルクス主義の地平の説明が解りやすい。

5. 言語行為論

メッセージの内容と他者への要求を区分する言語行為理論は、Austin, J.L. *How To Do Things with Words*. Cambridge : Harvard University

Press, 1962. 邦訳は、坂本百大訳『言語と行為』大修館書店（1978）。言語行為論の行為を内容と要求に区分する視点を取り入れ、両面の差異化が本書では論じられた。さらに、言語行為の両面を意味構成論と結びつけ、それらの差異生成として問題解決のメカニズムが説明された。

6. 行為論および意味の重層論

本書では、原生活場面は平板な地平ではなく、重層的な地平であることを強調する。

Cronen, V.E や Tomm, K たちの重層的な意味とその規則である cR は、以下の文献、Campbell, D. & Draper, R.（eds.）, *Applications of Systemic Family Therapy : The Milan approach.* London : Grune & Stratton, 1985. また、行為も言語行為論に依拠して、伝達内容である言語階梯と、要求である非言的階梯とそれらの規則に区分して論じ、その規則を rR とした。

7. 力論

Bateson, G は、世界説明の基本概念を、物理的な力から、差異にシフトさせた。ベイトソン，G、佐藤他訳『精神の生態学』新思索社（2000）を見よ。本書では、この差異概念とリフレクションによって差異を生成する「私」概念を組み合わせ、それらを問いかけ法に結びつけて、問いかけによる、「私」による差異化の作業を、変容の力と見なした。比ゆ的な実在する力を前提にして論じる、福祉分野でのエンパワーメント論と本書での、力論とを比較して欲しい。

〈実践的な理論〉

1. 実践理論の教科書

北米での支援アプローチの教科書で、よく知られているのは、Turner, F.J の *Social Work Treatmen : Interocking Theoretical Approach*, New York : Oxford University Press 2017 で、そこでは 38 ものアプローチが列挙されている。問題は、タイトルは Interlocking であるが、Interlock の理論的説明が弱すぎることである。

2. 廃棄される支援者の特権的評定と変容活動

クライアントは、自らの即自的な体験について、手持ちの論理と意味構

成規則に依拠して、言葉を用いて訴える。言葉で説明される世界は構成された世界であり、それは体験される世界とは異なる。支援者は、クライアントの言葉による説明を、同じく自らの行為選択規則と意味構成規則を文脈にして理解を試みる。つまり、クライアントの体験と支援者のクライアントの訴えの理解は別物で、支援者はクライアントをメタポジションから正確に認識する力を有してはいない。メタポジションに立つことを断念した支援者は、クライアントに苦難の体験についての語りを励まし、そこから解決の力を学び、その強化に貢献する関与を試みる。つまり問いかける。クライアントからの学び論は、本田哲郎の『釜ヶ崎と福音　神は貧しく小さくされたものとともに』岩波現代文庫（2015）。クライアントの尊重を説きつつも、クライアントの問題への客観的な理解力を前提として、クライアントの決定を制限すると論じる、矛盾が明らかな半世紀以上昔の、そして今日も崇められているバイスティックの支援原則論と、本田の支援論とを比較して欲しい。同じカソリックの聖職者が語る支援の思想は別物である。土台が異なれば、支援理論と活動も異なる。ただし、バイスティックは、解決力を有する支援活動の具体的な内容をほとんど論じていない。体系化された実践法を有する厳密な支援論を希求しなければ、バイスティックの論理矛盾にこだわることは無いだろう。福祉畑における、論理的矛盾を内包するバイスティックの支援原則論の無批判な受け入れの背景に、厳密な支援論の体系化から距離を置く態度があるような気がする。

3．エコマップ論

　エコマップを最初に提示したのは、ハルトマンたちである。Hartman, A. & Laird, J. *Family-centered Social work Practice*. New York : The Free Press, 1983. ただし、この大著以後、彼女たちのエコマップには理論的、実践的進歩が見られなかった。ちなみに国内での連絡調整を主たる職務と見なす福祉現場で使用されるエコマップは、彼女たちのエコマップの表記を形だけ真似た、お絵かき風の表記法であり、上記の著作で示された理論的背景には関心を示さない。彼女たちの理論的背景に足を踏み入れると、連絡調整という主たる支援活動が大きく揺らぐことになるので、メインストリームの支援者は職務定義のためにはエコマップを単なる資源の配置図に留

め置かなければならないだろう。

4. トラッキング論

　本書でのトラッキングの枠組みの出処は、Watzlawick, P., Bavelas, J.B. & Jackson, D.D. *Pragmatics of Human Communication : A Study of Interactional Patterns, Pathologies and Paradoxes*. New York : W.W. Norton and Company, 1967 である。そこでのトラッキング（原典ではパンクチュエイション）がいかに修正され、図として支援論に組み込まれるのかを示したのは、筆者のつたない書物、『包括的支援論の体系化を目指して』川島書店（2023）である。そこでは、トラッキングの図を要素にして、エコシステム全体をどのように理解するのかが論じられている。

5. 変容技法論

　DCQ と RCQ から構成される、差異論に依拠した変容技法論は、〈基礎理論〉6. の Campbell, D たちの文献を参考にして欲しい。本書では、その技法の用法の更なる洗練を試みた。

6. 効果測定論

　社会システムの力動的な変化の効果測定については、何度も例示して恐縮だが、拙書『包括的支援論の体系化を目指して』のⅨ章の効果測定論をあげたい。また、数量化した効果測定法の概略もそこでは示されている。

著者紹介

加茂　陽（かも・きよし）

県立広島大学名誉教授

出身
出生地は大分県の山奥。物心がついたのは、カソリック文化が残存していた長崎の浦上。その後はuprooting。

これまでの仕事
世間では、対人支援と呼ばれている仕事に関わってきた。学の視点では、社会理論の実践への応用と表現できるかもしれない。
支援論についての著書や論文はあれこれあるが、誇れるものはない。あえてあげるならば、『ケースワークの思想』（共訳）、世界思想社。原著 Plant, R. *Social and moral theory in casework*, Routledge。世界思想社の『ソーシャルワーク理論を学ぶ人のために』（編著）。*Reconstructing meaningful life worlds*, i-Universe（共編著）。『ファミリーソーシャルワークの理論と技法』（共編著）、九州大学出版会。最近では、『包括的支援論の体系化を目指して』、川島書店。幾つかの大学で支援論の教育も行ってきたが、どこにおいても Black sheep だったような気がする。

好きな本
津島佑子の、家と父親不在の小説、『ヤマネコ・ドーム』
そして、見栄を張って、長谷川 宏『同時代サルトル』

好きな音楽
チェット ベイカーの、トランペットとヴォーカル。明るく乾いた表現の背後に無根拠さが感じられ、その対比が印象的。

図説　支援論

2024年10月1日　第1刷発行

著　者　加　茂　　　陽
発行者　中　村　裕　二
発行所　㈲　川　島　書　店
　　　　　　（本社）〒165-0026
　　　　　　東京都中野区新井 2-16-7
　　　　　　電話 03-3388-5065
　　　（営業・流通センター）電話 & FAX 03-5965-2770

© 2024
Printed in Japan　　DTP 風草工房／印刷・製本 モリモト印刷株式会社

落丁・乱丁本はお取替いたします　　振替・00170-5-34102
　　　　＊定価はカバーに表示してあります
ISBN978-4-7610-0960-1　C3036

包括的支援法の体系化を目指して
加茂 陽 著

問いかけという日常的な言葉を土台とし，生活場面での問題解決，即ち新たな知の生成への支援法を提示する。ラディカルに変容を加えた評定法，問題解決法，そして効果測定法についての語りは，既存の支援論の教科書が提示する問題解決法の曖昧さに悩む実践者の支援活動に貢献する。

ISBN978-4-7610-0954-0 A5判 236頁 定価3,850円（本体3,500円＋税）

人を支える誠意
倉田康路 著

誠意の概念を人を支える社会福祉実践の場面にあてはめ，その取り組みに通じる誠意とは何かについて探求するものである。人を支える誠意の形成にむけて援助者と利用者との関係性の広範に渡る調査から探っていく。

ISBN978-4-7610-0957-1 A5判 184頁 定価3,300円（本体3,000円＋税）

ボランティア活動のゆくえ
松田次生 著

さまざまな紆余曲折を経てきた我が国のボランティア活動の歴史的経緯を見直し，ボランティア活動そのものが抱える潜在的な危うさを明らかにするとともに，今後の望まれる活動のあり方を考察する。ボランティア活動に携わる方，とりわけ指導的立場にある方の必携書。

ISBN978-4-7610-0959-5 A5判 192頁 定価3,080円（本体2,800円＋税）

苦しみを和らげる認知症ケア
村田久行 編著

認知症の人の苦しみは深い。プライドも，恐怖もある。介護する人の苦しみも深い。困惑と苛立ち，疲れと無力を感じる日々である。この本は，認知症の人も介護する人も互いに「わかってもらえない苦しみ」から抜け出し，認知症の人とケアに携わる人々の命と生きる意味が回復することを願い書かれた。

ISBN978-4-7610-0955-7 A5判 228頁 定価3,080円（本体2,800円＋税）

高齢者のボランティア活動とたのしさの共有
村社 卓 著

たのしいと人は参加する。サービス利用につないでもらえるシステムは魅力的である。たのしいこととつなぐことは高齢者の孤立予防を実現する推進力である。大都市のコミュニティカフェの実践分析と定性的（質的）データの収集・分析方法，そして理論の生成について解説。定性的研究方法のガイドライン。

ISBN978-4-7610-0949-6 A5判 240頁 定価4,180円（本体3,800円＋税）

川 島 書 店

https://kawashima-pb.kazekusa.jp/

定価は2024年7月現在